삼국지톡

문학동네

삼국지톡 5

초판인쇄 2023년 3월 24일
초판발행 2023년 3월 31일

글 무적핑크
그림 이리
기획·제작 YLAB

책임편집 이보은
편집 김지애 김지아 김해인 조시은
디자인 이현정
저작권 박지영 형소진 오서영
마케팅 정민호 이숙재 김도윤 한민아 이민경 안남영 김수현 왕지경 황승현 김혜원
브랜딩 함유지 함근아 박민재 김희숙 고보미 정승민
제작 강신은 김동욱 임현식

펴낸곳 ㈜문학동네
펴낸이 김소영
출판등록 1993년 10월 22일 제2003-000045호
주소 10881 경기도 파주시 회동길 210
전자우편 comics@munhak.com
대표전화 031-955-8888 | 팩스 031-955-8855
문의전화 031-955-3578(마케팅) 031-955-2677(편집)

인스타그램 @mundongcomics
카페 cafe.naver.com/mundongcomics
트위터 @mundongcomics
페이스북 facebook.com/mundongcomics
북클럽문학동네 bookclubmunhak.com

ISBN 978-89-546-9088-1 04910
978-89-546-7111-8 (세트)

www.munhak.com

삼국지톡
5
글 무적핑크
그림 이리
기획·제작 YLAB

등장
인물

유비(字 현덕)

의형제인 관우, 장비와 함께 전투 실력은 출중하나 신분 때문에 무시당한다. 반동탁연합의 일원이 되고자 한다.

조조(字 맹덕)

환관의 자손이지만 십상시를 처벌하고, 반동탁연합에 합류하여 정의를 실현하고자 한다.

원소(字 본초)

언제나 웃는 얼굴과 신사다운 언변으로 '프린스 원소'라 불리지만, 가슴속에 큰 야망을 품고 있다.

손견(字 문대)

원술의 휘하에 군을 통솔하고 있다. 폐허가 되어버린 낙양에서 뜻밖의 물건을 손에 넣는다.

공손찬(字 백규)

유비의 선배. 잔혹한 토벌로 유명하여 '북방의 귀신'이라 불린다.

조운(字 자룡)

위기에 처한 공손찬을 구해낸 의문의 인물.

순욱(字 문약)

원소의 책사였으나 조조의 정의를 따르고자 자진하여 조조의 책사가 된다.

차례

•「군웅할거」•

一. 되살아난 희망

동탁의 수하
효기교위 화웅

유비의 의형제
관우 字 운장

나는…

재주가 없다.

단칼에 열, 백의 적을
베는 것…?

ㄴ… 이 난세에는…
하찮은 재주일 뿐…

불의에 눈감는 재주,
귀에 단 말을 하는 재주,

좋은 집안에서… 태어나는 재주.

그 무엇 하나…
나는 할 줄을 모른다.

그러나 이것은…
얼마나 쉬우냐?

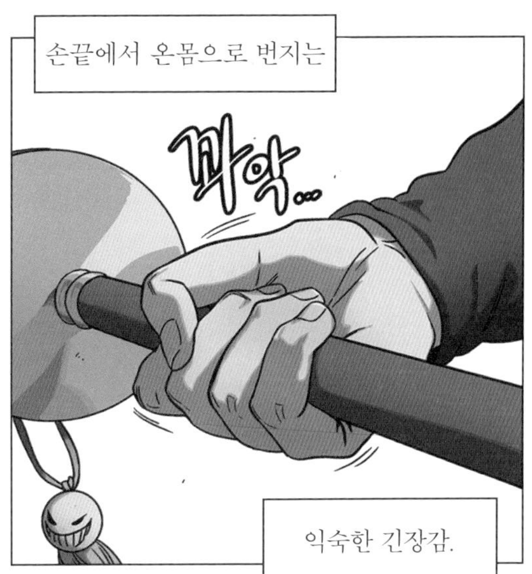
손끝에서 온몸으로 번지는
꽈악…
익숙한 긴장감.

…한 치의
틀림조차 없는

예감!

내가… 이긴다!

툭툭
툭

허억…!

저벅
저벅

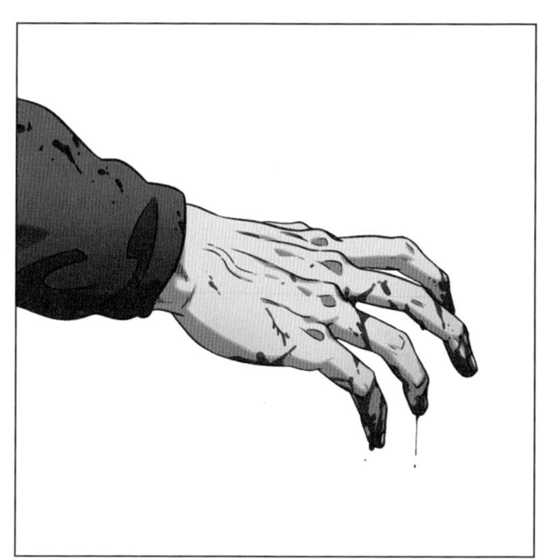

콱
02

슥
00:01
이 면이 붇기 전에
돌아오시오!
서 알람 풀기

삐ㄱ...
00:00
이 면이 붇기 전에
돌아오시오!

와아아아아

기… 기적이다!
기적이야!
듣보잡 마궁수가
화웅을 이기다니?!

철썩!
ㅋㅋ나였으면
1분컷ㅇㅇ?

실시간 급상승 | 1위 관우

라면은 타이밍이 생명!
어떤 레시피보다 쉽고 맛있는 방법?
[라면타이머] 지금 바로 다운받으세요!

뉴스 > 속보

[속보] 듣보잡 장수 관웅, 화웅에게 승리 (1보)

[단독] 화웅 사망 사실 확인중

[속보] 의문의 장수 '관우'는 누구?

지… 질 수 없지!
우… 우리도 싸웁시다!
와-
와-
갑시다!
낙양으로!

대세가 바뀌었다!
겁먹고 쫄아 있던
제후들이건만!

동탁에게 빼앗긴!
낙양을 되찾자!
Bravo!
유현덕.

낙양으로 가자고? 좋지!
백성들의 분노는 우리의 힘이니.
신사숙녀 여러분(웃음)
두 눈으로 직접 보시도록.

한때 아름다웠던…
우리의 수도, 낙양을!
야,
내 폰
맛 갔다!

목적지 검색
낙양
현위치
위치를
영 못 잡는데?
낙양
ㄴㄴ… 장군…
맞아요.

낙양입니다, 여기가…

?!

동탁… 이… 정신 나간 놈!

반동탁연합 제후
손견 字 문대
이럴 수가! 여기가… 낙양?!

*낙양 : 후한의 서울. 동탁이 장안으로 수도를 옮기면서 초토화시키다.

뜻밖의 보물

그 호화롭던 황궁이…

휘오오….
까악-…
까악-…

낙대입구
Nak Yang Univ.
수많은 사람들로 북적대던
삶의 터전도…

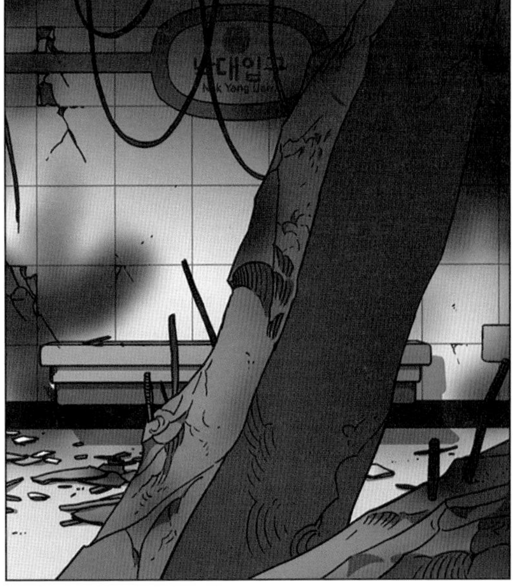

우드득...

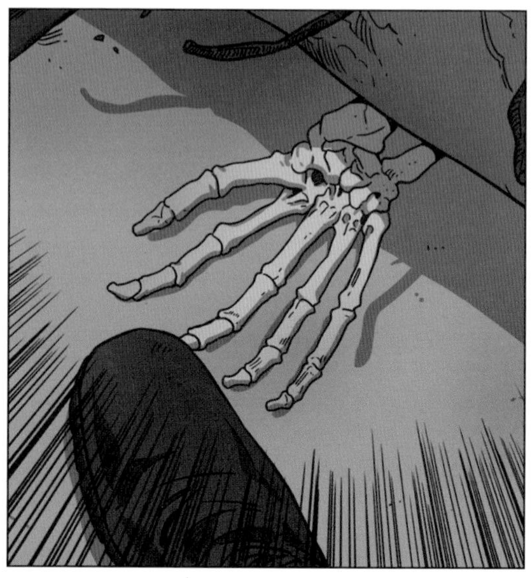

쓰읍~!
손대장아~
니 왜 그르냐~?!
쿠구궁...

힘 빼지 말어~!
시체가 한둘이냐~?!
딱 봐도 거렁뱅이
해골이구먼~!
길바닥에
떼굴떼굴~

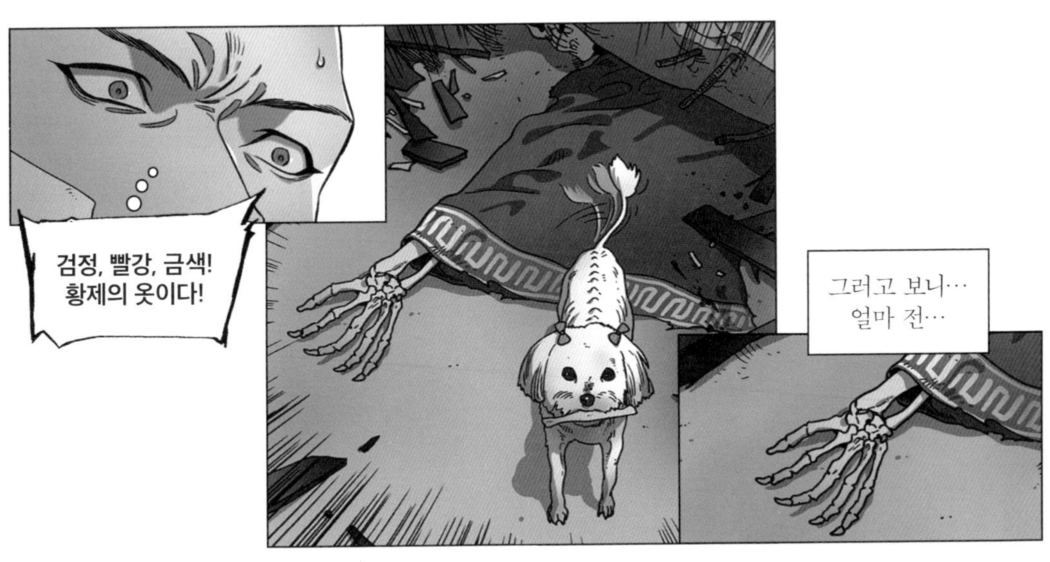
검정, 빨강, 금색!
황제의 옷이다!
그러고 보니…
얼마 전…

화목한 호랭이방
♥주유♥
와 동탁 제정신 아니네요
손견
?
♥♥♥오국태♥♥♥
?
♥손책♥
ㅊㅋ이제알았냐
♥주유♥
어그래 봤냐 기사??
낙양 난리남

[속보] 동탁, 전 황제들 무덤 파헤쳐... "보물 쓱싹"
[사진] 여포, 도굴중에 인증샷…"사람인가" 낙양일보

화목한 호랭이방

♥주유♥

전황제들 무덤 털리든 말든
반동탁연합은 개판이고ㅋㅋ

아저씨만 혼자 동탁한테 딜넣으시고...

♥손권♥

아빠 그냥 집에 오세요
망한 나라 왜 지켜요

♥손책♥

야

♥♥♥오국태♥♥♥

권. 조용.

…여봐. 심부름
하나 하지?

주변 싹싹 뒤져봐.
슈퍼든 마트든 찾아서
석 석
과일 몇 개 쌔벼와.
멍 없고 큰 걸로

*〈정사〉 반동탁연합, 내분으로 제후들끼리 다투다.
손견, 아랑곳하지 않고 싸우다. 돈, 군사, 오랜 전우인 조무마저 잃다.

우리 가족들, 미안하다!
이 아빠…
아직 집으로 돌아갈 수 없어!
분해서라도…!

선대 황제, 황후시여!
이렇게 빕니다!
이놈 정성을 받으시고…
우리 아이들…
손책, 손권, 상향이, 주유…

*손견, 파헤쳐진 황제와 황후의 무덤을 수리하다. 공물을 준비해 정성껏 제사를 올리다.

원술 도련님
낙양을 먹어? 제법이군ㅎ
다 내 공이라고 인터뷰하도록.
사냥감은 사냥개가 아닌 주인 것이니.
손견
알겠ㅅㅂ니다.
원술 도련님
왜 그리 오타가 많지?
천박한 무골이라 그런가? 주의할 것.
손견
명심하겠ㅅㅂ니다
원술 도련님
?

그리고 나의
씨익…
국태.

누구에게도
무시당하지 않고
최고의 부와 명예를
누리게 해주십시오!

*손견, 대명문가 출신 원술 밑에서 싸우다. 금전적 지원받다.

그럴 '기회'만 주신다면
이 손견,

웃으며
죽겠소이다!

…됐다!
이만 가자!
동탁을 마저
추격한다!
부상자들도 일어나!
죽더라도
싸우다 죽어라!
자…
장군!

그… 급히
가보셔야겠습니다!

아랫것들이…
수색중에…
이상한 걸 찾았다고…
이…
이게 뭐지?!

식수 찾다가…
탱크 안에
있었습니다.

어쩌다…
저런 곳에…
쯧쯧.

동탁군 짓인가?
죽인 뒤에
버린 거냐?
아… 아닙니다!

*손견군, 낙양 우물에서 시신을 발견하다.

스… 스스로 몸을 던진 것 같습니다. 상처도 없고요.
거기다 민간인이 아니고… 궁에서 일하던 사람입니다!
어지간히 급박했나봅니다. 짐이라곤 달랑 저 꾸러미 하나라…
…! 보기보다 무겁군. 뭐지?
?! 이것은… 화, 황제의 옥새!!!
그 옛날, 진시황이 만들었다는 나라의 보물!
십상시의 난 때 없어졌다고 들었는데?!

*손견, 황실에 대대로 전해내려오는 귀한 보물 '전국옥새'를 손에 넣다.

워… 원술에게
연락해야겠군.
뜻밖의 보물을
얻었다고…
부우웅-
!?

영상통화 수신 중…
(알 수 없음)

알 수 없음

(알 수 없음)

머야아아~~~
왜 안받아조~~~넘해~~~~

나 까먹었엉~~~ㅠㅠ??

나야~치여니~~~♥♥♥
우리 싸운적도 있자나~~♥♥♥

헐머야 왜 읽씹???
구로디마아~~~♥♥♥

이제 우리 한가족인뎅~~~

♥우리 결혼해요♥
신부 : '동탁'의 딸
신랑 : '손견'의 아들
청첩장 더 보기 >

힝 미얀~~~ㅠㅠ
이런건 직접 전해줘야 하는뎅~~~

우리 동승상 어르신이~~~
손장군 사랑한대~~~♥♥

벼슬이든 땅이든~~~~
다줄테니깐 친하게 지내쟈~~♥♥♥

웅? 웅~~~~?

*동탁, 손견에게 결혼 동맹을 맺을 것을 제안하다.

쿵

카악~ 퉤!
똥탁이 정신 나간 놈!
얻다 대고 헛소리랴?!

야 손대장아 웃어~
세상 귀한 거
주웠잖냐~?
원술 도련놈
전화 거는 중...
옥새 갖다주면
원술 놈이
좋아죽겄네…
취소

*〈정사〉 손견, 옥새를 원술에게 바치다.

콱!

천하의 동탁이…
이 손견을 두려워한다!

거기다 황제의 옥새가
내 손에 들어왔다!
꽉…
이게 하늘의 대답일 터!

*〈연의〉 손견, 스스로 옥새를 차지하다.

자식들아, 기뻐해라!
이제 사냥개 노릇은
끝났다!

와아아

연합은 졌지만,
나는 동탁을
무릎 꿇렸다!
와
와
누가 더 강한지
결판났는데,
뭐하러 피를
또 흘리나?!

돌아가 뒷일을
도모하자!
천하는
우리 것이다!

*〈정사〉 손견, 동탁 향한 추격을 멈추다.

손견…!
그자가 옥새를?!

안 돼!
나의 시나리오가 어긋난다!
쾅
전군에 전하도록.
낙양으로 간다!

웅성…
그… 그게…
맹주님…
성문 밖으로
나갈 수가
없습니다…
화웅은 죽었지만…
여포가 버티고
있는지라…

*손견군에 있던 병졸. 원소에게 몰래 정보를 흘리다.

형님…
이번에도
제가…
텁.
ㄴㄴ기다려.
여포는 사람이
아니라더라.
막내 너도
가만있… 어?!

…?

두
둥!

四. 여포 vs. 장비

씨익...
여포야~
여포야~
여포야~
JANG B

안녕~?
안녕~?
안녕~?

뭐야.
저 애X끼.
모르죠,
나도 처음 봄.
근데 이상하네?
저 장비
맛 갔나?
왜 소리가
세 번씩 나온대?
왜겠냐~
왜겠냐~
왜겠냐~
JANG B
뉴스 > 속보
조회순
[속보] 여포, 양아버지 정원 살해
적토마 받고 동탁에게 홀랑 넘어가…
네티즌 "인성보소"
우리 여포 친구~
'숫자3'
좋아하잖음~

얼마나 좋으면
아빠가 세 명임~?
세 명임~?
세 명임~?

*장비, '친아버지, 정원, 동탁'을 아비로 섬긴 여포의 의리 없음을 조롱하며 "성씨가 셋인 종놈"이라 하다.

야 인마…!

휙

쿵

씨익…
뭐… 뭐야, 저 머리 빨간 놈?
모… 몰라, 나도!
저놈… 얼굴에 기스는 언제 난 거래… 헉?!
억?! 뭐야 이게?! 창이야?!
여포놈… 어느 틈에 던진 거래??

*여포, 장비의 도발에 극히 분노해 펄펄 뛰다.

와ㄷㄷ 죽었네, 빨간 머리.
어… 아니…

02:48:37
저 빨간 머리 놈… 밀리긴 해도
버티는데?! 천하의 여포를 상대로!!

흥 보고 있냐 세상아?
내 이름을 기억해라.
나는 태산처럼 강하다!

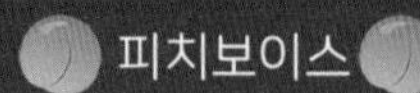

피치보이스

얼마 전

셋째 장비

님들ㅋ우리 고향갈까
가서 치킨이나 튀길까ㅋㅋ

큰형ㅋ유비

??

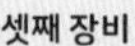

셋째 장비

걍 다 부숴버리고싶음ㅋ

목숨걸고 황건적잡고 도적잡아도
딱히 얻은거도 없고 뭔데이게ㅋ

있는놈들만 잘살고
우리는 땅개취급이고ㅋ

큰형 맨날 남한테 굽실대고ㅠ

아 반동탁이고 뭐고 때려쳐
이나라는 진작 존망했음ㅋㅋㅋ

쾅

!?

아우야…
약한 소리…
하는 거 아님.
형님…
아니… 유비가
왜 몸 굽히겠음.
YOU B
아직 무엇도 포기…
안 했으니 그러지…

*유비 삼형제. 크게 활약했는데도 출신이 별 볼 일 없어 오래도록 출세하지 못하다.
**관우는 유비보다 나이가 많다. 그러나 동생을 자처했다.

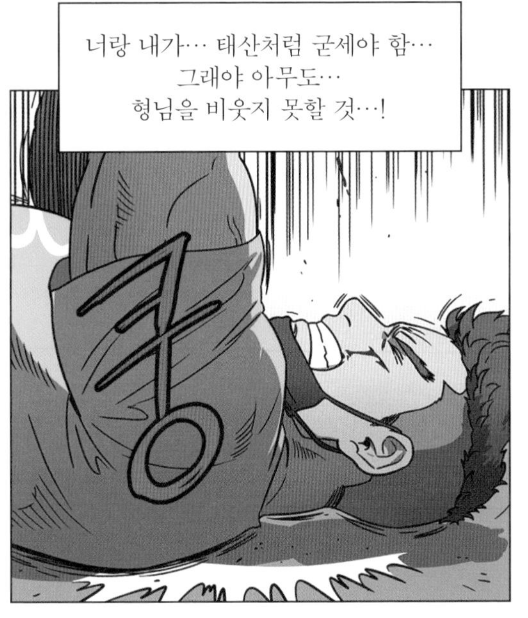
너랑 내가… 태산처럼 굳세야 함…
그래야 아무도…
형님을 비웃지 못할 것…!
쿵

콱!

하!
웃기네ㅋ

이름도 없는
애X끼가.

니 모가진 필요 없고…
아~ 해봐 X꺄ㅋ
시건방진 혓바닥
잘라주마

쐐액

캉

五. 다굴에는 장사 없다

푸학

뭐야, 이 X끼…
감히 날
힘으로 밀어?
찌이잉…
끼긱…

……

헹!
벌떡
아우…
괜찮…?

아, 님.
왜 껴드심
ㅋㅋㅋ
나 혼자 넉넉히
쌈 싸먹음.

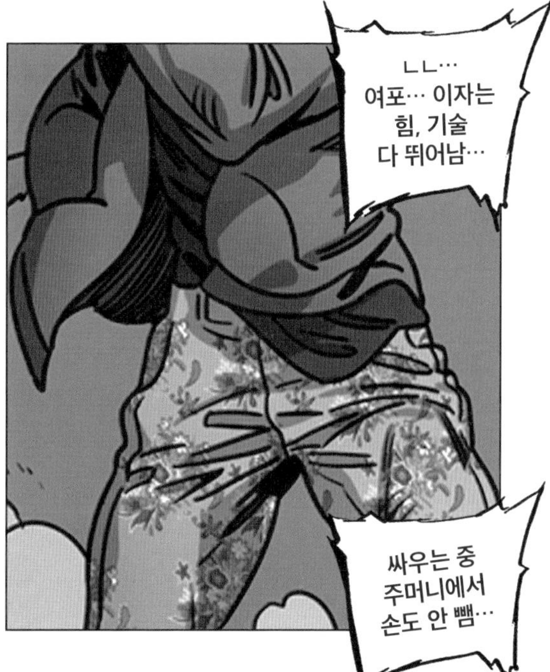
ㄴㄴ…
여포… 이자는
힘, 기술
다 뛰어남…
싸우는 중
주머니에서
손도 안 뺌…

내가 이자를
잡고 있을 테니…
네가 빠르게
칠 것…

꾸드득…

?!
아 싫어!
비겁하게
다굴치자고??

…아우야…
서둘…

지이익…

오싹!

쐐액

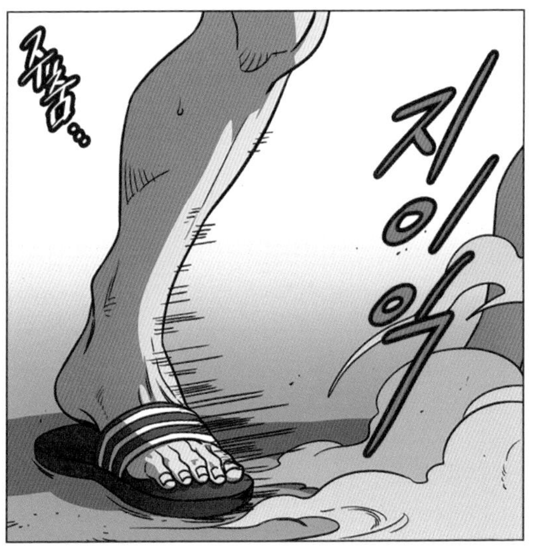
주춤...
지이익

부웅

촥

부르르...
막내야ㅎㅎ
정당한 승부는
사람끼리
내는 거지.

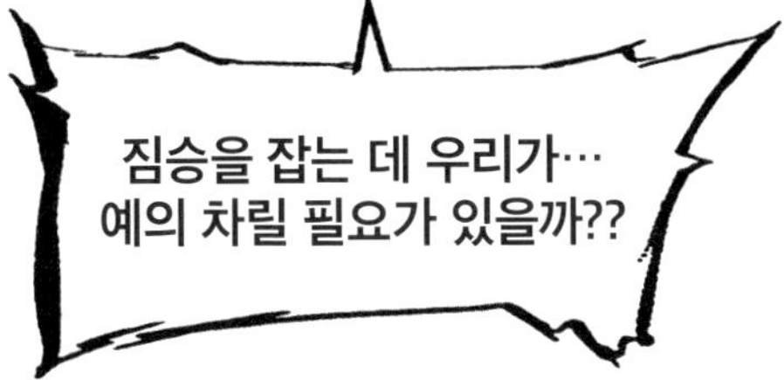
짐승을 잡는 데 우리가…
예의 차릴 필요가 있을까??

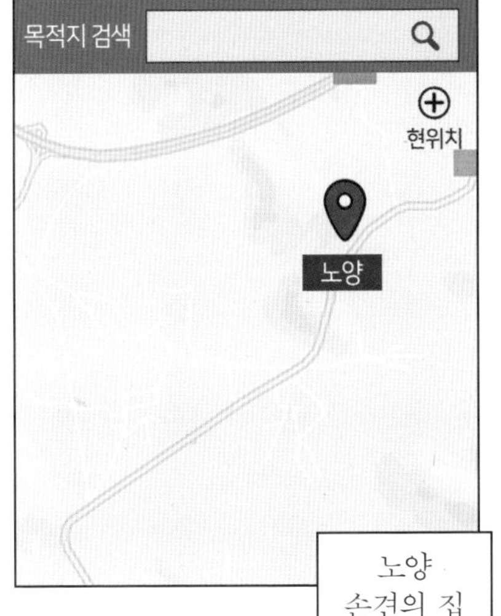
목적지 검색
현위치
노양
노양
손견의 집

!

사랑하는 책이 아빠
책이아빠
국태야.
반동탁쪽 난리났다ㅎ
[속보] 반동탁연합 난리…
"여포가 길막"
웬 듣보잡들이 덤볐다는데.
당연히 여포놈이 이기겠지ㅎ
기회가 왔다 국태야
여포가 버티기만 하면
원술놈도 며칠은 꼼짝 못할 것
우리가 시간 버는 거야
오국태
그거 잘 갖고있지??
책이아빠
당연

사랑하는 책이 아빠
오국태
책이아빠
얼른 그거 들고 집에 와
이 순간만을 기다렸잖아
우리 겸손하지 말자
책이아빠
ㅇㅋ 지금 간다
오국태
남한테 절대 안 들켰지?
책이아빠
물론
사랑한다 국태야

전국옥새… 황실의 상징.
손에 쥐면 천하를 얻는다는 보물!
그걸 책이 아빠가 주운 건…
분명 운명일 터!
傳國玉璽
[속보] 사라진 전국옥새… "어디로 갔나?"

*손견, 반동탁연합에서 원술 선봉장 맡다. 원술에게 군량 지원받는 대신 사사건건 간섭받고 공을 빼앗기다.
**대대로 내려오는 옥새, 십상시의 난 때 분실되다. 그러나 손견이 낙양 폐허에서 찾아내다.

천하는…
우리 가족의
것이다!

六. 달아나는 여포

헤헤, 걱정 마쇼.
죽이진 않을 테니.
대신 우리랑
같이 좀
가주셔야겠어?
그쪽 남편이…
낙양에서
주웠다지?
'귀한 보물'.
툭

이놈이…!

그걸 어떻게 알았지?!
비밀이 새어나갔나?

어떤 놈이
사주한 거야?!

헤헤…
그걸 꼭
원하는 분이
계시거든!
손견놈은…
주리를 틀어도
안 불겠지?

하지만…
사랑하는
아내가
인질이라면?
이…
비겁한 X끼들!

야! 시동 걸어!
어르신께
곧장 가자!
부웅-
부웅-
부웅-
읍읍…!

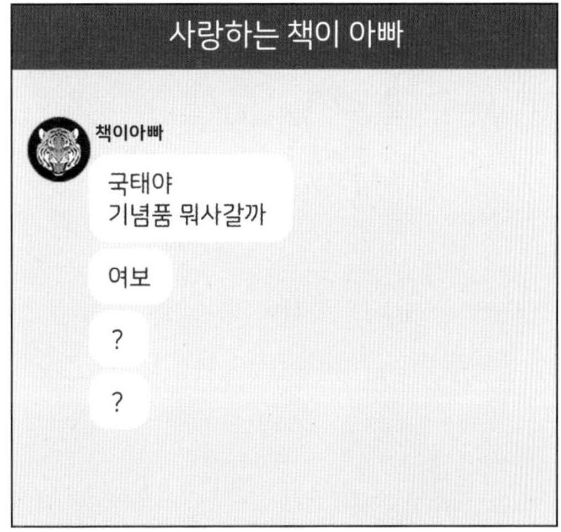
사랑하는 책이 아빠
책이아빠
국태야
기념품 뭐사갈까
여보
?
?

옛 수도, 낙양

우와아!

…?
바쁜가?
국태야…

와—

와—

오오오~

칵!
웬 돼지 멱따는
소리야?!
짐 빨리 안 싸?!

주… 죽을 죄를
지었습다!!
근데 이거
좀 보십쇼!

반동탁 쪽에…
일났습니다!!

와씨ㅋㅋㅋ

[LIVE●] 기적? 여포vs듣보잡 삼형제
[실시간채팅]
1,154,612명 시청중
와 미쳤다
그 괴물여포한테 덤비다니ㄷㄷㄷ
힘내라 듣보잡 삼형제ㅠ

부웅

쨍

슈슉
쉬익

캉캉
캉캉캉

*여포 vs. 유비, 관우, 장비, 눈부신 무용을 뽐낸다. 여포가 막고, 받아치고, 밀어넘겨 수십 합 내내 결판나지 않다.

퍽

아 X끼들…
지겹네.
포기하고
뒈질 것이지.

근데 뭐지?
처음보다
일격이
무거운데…
부들
부들
…잠깐.
내가 막고(架),
받아치고(隔),
밀어 넘겨(遮, 欄)?
…아니!
내가 힘이
빠진 거다!
오싹
선빵은
고사하고…
막는 데
급급했다니?!
망할!
뭔 뻘짓이야 이게?!
이놈들…
마치 늪 같다.

말리는 건 나다.
짜증나고 집요하다.
이거
버티다간…

…!!!

…튀자!
팡!

세 놈 중에서 구멍은…
붕
이놈이다!

七. 완전한 승리

팍

(형)님?!
괜찮??

*여포, 유비 얼굴에 방천화극 내질러 빈틈 만들다.

아오C, 참 빨리도 부른다!
얼른 타쇼!

ㅋ

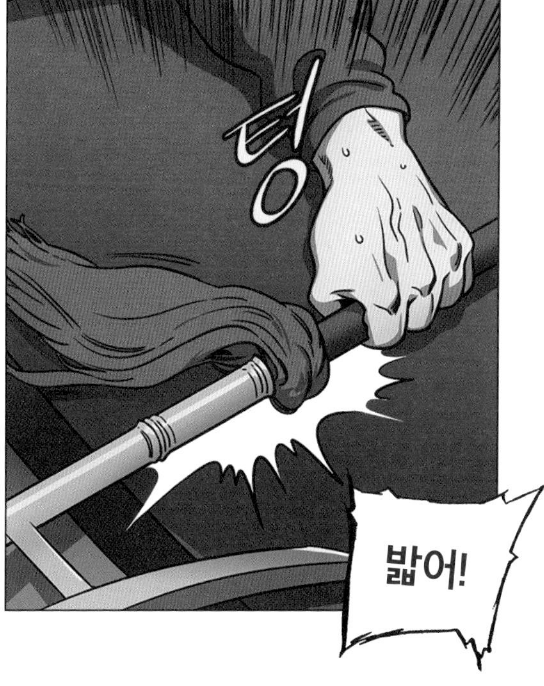
텅
밟어!

아, 대장.
긁지 마요,
기스 남!!
어쩔ㅋ
존X 무거.
부아아앙
기억하마,
쥐새끼 두 마리!
귀 큰 놈 너도!
YOU B

*여포, 적토마 타고 달아나다. 지쳐서 방천화극조차 제대로 들지 못하다.

와

와

와 미쳤다!
저놈들 미쳤어!
그 여포를
바르다니?!

[LIVE●] 기적? 여포vs듣보잡 삼형제
[실시간채팅]
1,158,714명 시청중
실화냐실화냐실화냐
실화냐실화냐실화냐실화냐
실화냐실화냐실화냐실화냐
ㅋㅇㅇ
ㅋㅇㅇ
애네이름머엿죠

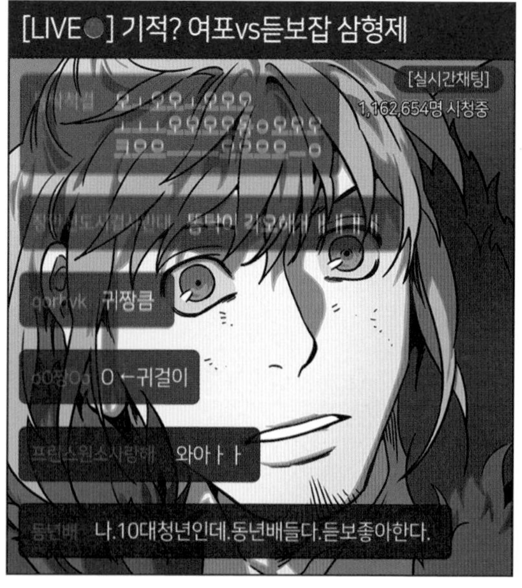
[LIVE●] 기적? 여포vs듣보잡 삼형제
[실시간채팅]
1,162,654명 시청중
귀짱큼
O ←귀걸이
와아ㅏㅏ
나.10대청년인데.동년배들다.듣보좋아한다.

펄럭…

세상이… 영웅들이

나와 아우들을 알아줬다!

*조조, 유비에게 호의 표하다.
**〈연의〉 조조, 찬밥 신세 유비에게 몰래 술과 고기를 보내다. 〈정사〉 조조, 유비와 함께 반동탁연합으로서 활약하다.

성문을 열라!
가자!
낙양으로!

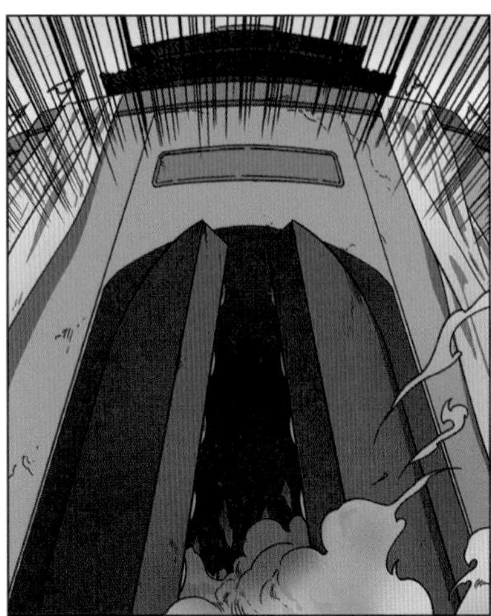
끼이이이.....

이제 마무리다!
각오해라, 동탁!

*〈연의〉 유비 삼형제의 승리에 고무된 반동탁연합, 낙양으로 진격하다.

낙양
현위치
낙양
네놈의 목을 치고
어린 황제를 구해…
이 혼란을 끝내겠다!

페허가 된 옛 수도, 낙양

에에…
반동탁연합
여러분~

참으로
수고가
많았어요~

근데 말이야~
내가 말이야아~

반동탁연합 제후
기주자사 한복

반동탁연합 맹주
조조의 친구
원소 字 본초

여기
자알~생긴
맹주님하고
얘기를 잠깐
해봤는데에~

우리가~
불쌍한
동탁이를~
꼭 죽여야만
할까아~?
쿡쿡…

…뭐라고?!

한복!
그게 무슨…
개소리요?!
반동탁연합 제후
조조 字 맹덕

동탁…
그 짐승 놈을
놔두자니?!

어허~
이 몸한테 말투가
뭐여 그게?
싹퉁
바가지가
없어~

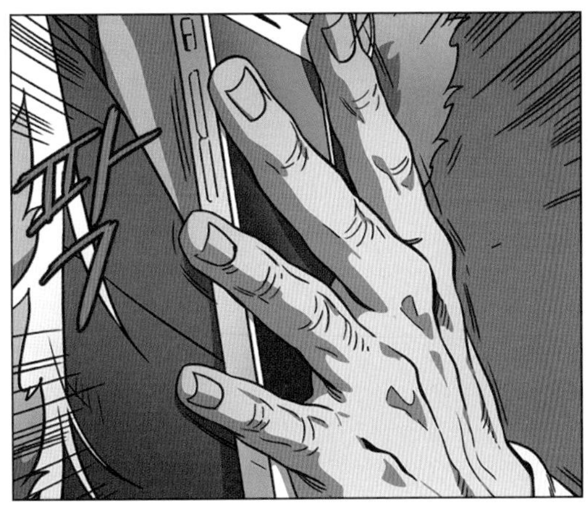
팍

자~
우리 프린스가
또랑또랑하게
설명해주쇼~

허허~
써둔 거 읽기만 하셔~
허튼소리 보태지 말고
꾸욱…
……
"오늘,
폐허가 된
이 낙양에서
백성들에게
고하노라."
찰칵
"나, 반동탁연합군
맹주 원소는, 오늘부로…
연합을 해산한다."
찰칵
찰칵
찰칵

*동탁, 후한의 수도 낙양을 폐허로 만들다.

우리 반동탁연합의 목표는
역적 동탁을 치고 인질로 잡힌
황제를 구하는 것이었다.
[속보] 반동탁연합, "어린황제 구출한다"
<사진>동탁에게 잡혀있는 황제 유협(초3)

그러나 황제 유협은 너무나 어려
나라의 혼란을 잠재우지 못할 것이며
무엇보다 동탁이 세운 허수아비,
꼭두각시일 뿐이다!

그러므로 동탁과
가짜 황제 유협을
역사에서 지우고,
새 조정을 세우겠다!

이것이 난세를 끝낼 유일한 방법이다!

소름이 끼쳤다. 원본초, 너…
처음에는 망설이듯 주저하더니
각오를 다진 듯,
이제 돌이킬 수 없다는 듯

눈을 확신으로 빛내다니?!

따라서!
새 종묘사직을 받들
새 황제를 모실 것이다.

새 황제가
되실 분은
백성들을
진심으로
아끼며,

이민족과의
평화를 위해
발 벗고 나선
군자시니…

뉴스덧글 | **최신순** | 인기순

익명
누구야??? 방금 전

익명
누구지 그런사람이 있었나 방금 전

익명
난가ㅋ 방금 전

ㄴ **익명**
ㄲㅈ 장난치고싶냐 지금? 방금 전

익명
누구시지??? 방금 전

반동탁연합은 이제 근위군이 되어
비죽
기주태수 한복을 따라 새 황제폐하와 새 조정을 지키도록 하라.

만백성은 새 황제폐하를 기쁘게 맞이하라!

목적지 검색
유주
현위치
유주
우리의 새로운
하늘이 되실 분은
바로…

자, 아가들아.
내일 또 보자꾸나.
제일
사랑해요~

유주 변방
이민족 고아들
후한 최고 갓인성
사랑받는 유주자사
유우 字 백안

*유주자사 : 유주 땅을 다스리는 벼슬.

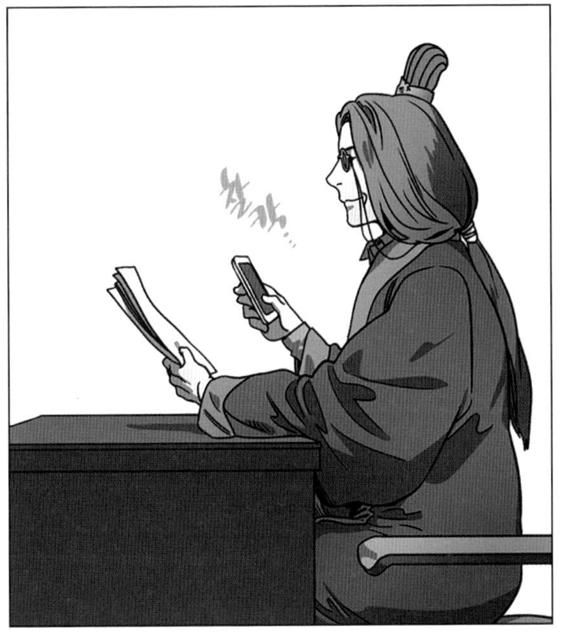
찰칵...

제주 보좌관

유주자사 유우/외국어 공부중^^/마음수련...

고생했어요.
문구 잘 뽑았네

여기가 참 명문

"친애하는 나의 이웃들과
든든하고 영원한 우정을 쌓겠다"

제주 보좌관

감사합니다 어르신ㅠㅠ

평화선언문은 저도...
벼슬받고 처음 써보는거라..

유주자사 유우/외국어 공부중^^/마음수련...

참.큰 일 했어요

말이랑 문화 달라도.
우리 다 같은 사람이거든.

근데 오랑캐다.야만인이다ㅜ.ㅜ

제주 보좌관

ㅠㅠ

유주자사 유우/외국어 공부중^^/마음수련...

우리부터 변해야 하거든.

동탁이놈 때문에. 백성들
뉴스 보기도 싫다던데.

이런 좋은 소식이라도 있어야지^^

얼른 여기 도장 찍을게.
빨리.발표 합시다.

제주 보좌관

넵 어르신
기자들 싹 부르겠습니다

유주자사 유우/외국어 공부중^^/마음수련...

^^수고~

*유우, 오환·흉노 등 이민족과 친분 쌓다. 그들의 존경을 받다.

먼저 다가가고,
경계를 풀고…
참으로 길었다!

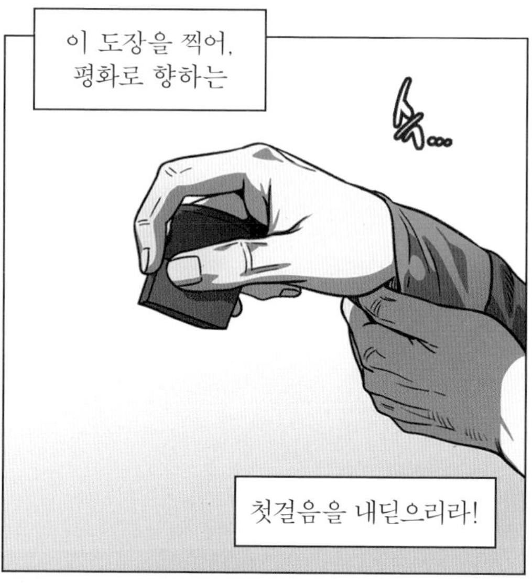
이 도장을 찍어,
평화로 향하는
첫걸음을 내딛으리라!

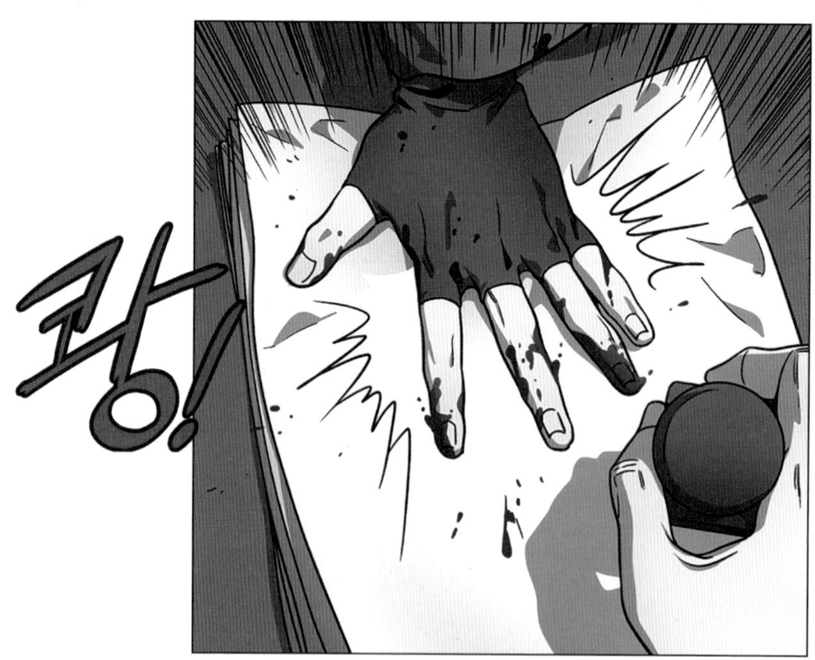
쾅!

*유우, 이민족과 친교를 다지기 위해 고생하다.

친애하는
돈독하고,
나, 황제폐하의

…나 원,
사람
괴팍하기는.

기다리고 있었네.
먼길 오느라
고단하지?
꾸욱…

일단 앉게,
공손 장군.

…오랑캐와
화친을
한다고?!
그래.
발 좀
치워주겠나?
아이고,
이 귀한 것을…

뭐 좀 들지?
녹차? 율무차?
커피도 있긴 한데,
믹스뿐이라…

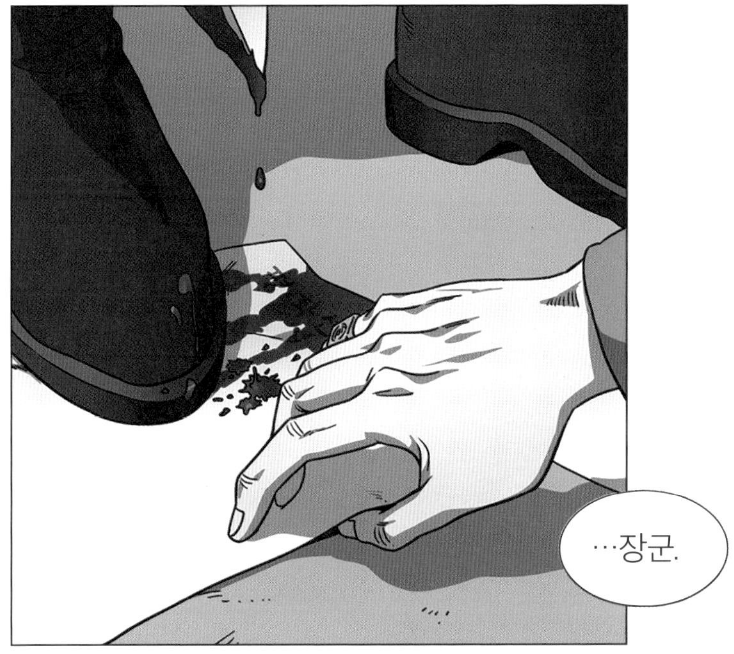
…장군.

*유우, 오환 등 이민족과 평화를 이룩하고자 하다. 강경파 공손찬, 이에 반대하다.

내가
“발을 치우라”고
하였어.

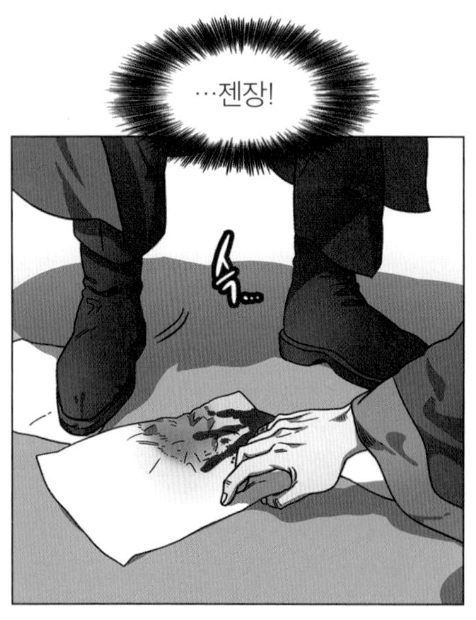
…젠장!
슥…

이놈이 감히
여쭙소만.
어르신께선
전장의
참혹함을
아시오?!

*유우는 공손찬의 윗사람으로, 이름 높은 황실 사람.

겨울엔 특히 끔찍하지. 수많은 부하를 잃었소.
절반은 전투로, 나머진 추위로.
동상으로 손발가락이 떨어지고…
식량도 바닥나 식사는 겨우 이틀에 한 번.
…장군, 드십시오.
고기가 있을 리 없었지만 질문 따윈 하지 않았지.
그렇게 겨울 내내 싸웠소.

*유주는 북쪽 지방. 공손찬, 수많은 불리한 전투에 나가 이민족과 맞서다.

짐승의 것인지
죽은 부하의 것인지 모를
부득...
부득...
비린 살조각을
씹어가면서!
그렇게 얻어낸 것이 승리고,
이 공손찬의 명성이오.
누가
감히 내게
덤빌 테냐?!
북방의 귀신
공손찬 字 백규

내가 이 땅과…
이 나라를
지켰어!
쾅
그런데 당신이…
오랑캐들과
손을 잡아?!
평생 전쟁만
할 수는 없어!

첨부사진:0
그대의 공은 알아. 하지만 이제 멈춰야지!
장군, 자네는 증오를 낳고 있어!
첨부사진:002.png
우린 이민족과 국경을 마주하네. 그들을 다 적으로 돌릴 셈인가?
피는 충분히 보았으니 이제 평화를 이루어야 해!
닥쳐!
콰득!!

*공손찬, 이민족을 철저하게 토벌하다. 어린아이까지 공손찬 초상화에 활을 쏘며 이를 갈다.

평화? 화친?
약한 놈들의
핑계일 뿐!

이 공손찬,
오랑캐들의
눈치를 보진
않겠다!

겁나면
가만있으시오.

큰 놈!
작은 놈!
버러지들을
순식간에
박멸해주지!

버러지, 청소,
박멸…
이게 사람이…
같은 사람에게 할
말인가?
오싹…
공손찬…
그대는 너무나
위험해!
가만두어서는
안 되겠어!

*유우, 공손찬을 견제하고자 하다.

스릉…

쾅 쾅
자…자사 어르신!
큰일났습니다!
나와보십시오!
#유주자사 #유우 #字백안

벌컥!
무슨 일인가?!
괜찮은 게야?
어찌들 그래…

황제폐하,
즉위를
감축드립니다!

만세 만세
만만세!

?!

[속보] 유주자사 유우, 새 황제로 추대…(1보)
<기주자사 한복>
<사진>프린스 원소, 기주자사 한복 충격 기자회견…"술렁"

이 무슨… 말도 안 되는?!

한복… 원소! 제정신이냐?
유우, 이 위선자를… 황제로 세우겠다고?!

*〈정사〉 한복과 원소, 유우를 황제로 추대하다.
**〈정사〉 공손찬, 유우 황제 추대에 극렬히 반대하다.

낙양 기자회견장
이런…
미친 것들!

천한 종놈이…
못하는 소리가 없구나!
황제를 바꾸겠다고?!

절대 안 돼!
새 황제를 앞세워…
권력은 제가
휘두를 테지!

손견놈
전화 거는 중...
취소

나는 역적들과 어울리지 않겠다!
손견! 네놈 어딨어?! 썩 튀어오잖고!
아파?! 어쩌라고! 3초 내로 와!

원소의 막사
찰칵
찰칵
찰칵

찰칵

*원술, 원소의 새 황제 추대에 크게 반대하며 떠나가다.

야!
미친놈 나와!

너 제정신이냐?!
네가 한복 그놈
따까리냐고!

원본초, 이 멍청아!
한복… 그 망할 놈이 나라 위해
황제 바꾸려는 거겠나?!
새 황제 곁에 끼고!
제2의 동탁놀음 하려는 거지!

니 얼굴 팔아서
역적짓 하는 건데!

*〈정사〉 조조, 새 황제 추대에 반대하다.

분하지도 않냐?!
차라리 나가 뒤져!

…정말
다행이군.

아만ㅎ 너처럼
영특한 이가 그렇게
화낼 정도니

아둔한 한복은…
철석같이 믿고 있겠지?

?!

내가 그자의
꼭두각시라고
(웃음).

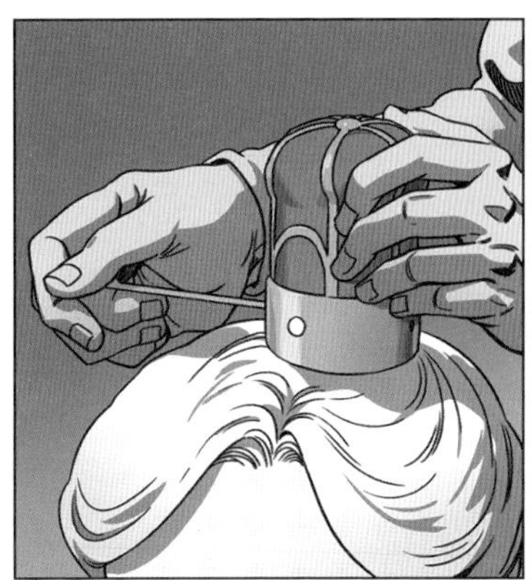

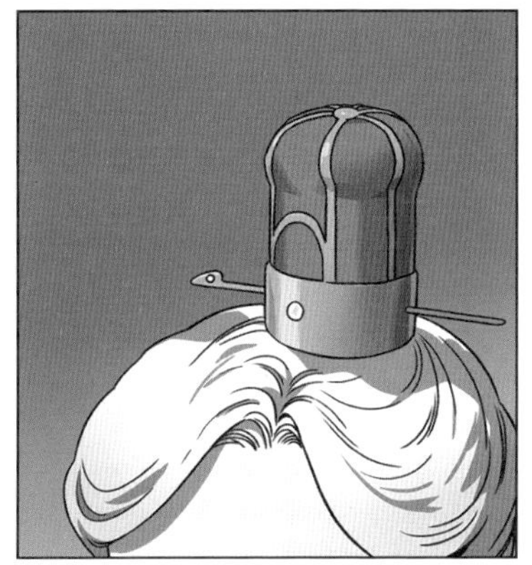

前반동탁연합 맹주
現한복 따까리(?)
원소 字 본초

(알 수 없음)
원소
강녕하신지?
잠깐 이야기 좀
가능하실지
아만ㅎ 걱정은
고맙지만(웃음)
그 누구도…
감히 나를
휘두를 순 없어.

먼저 건방진
한복의…
빙긋
팔다리를
잘라볼까^^?

十一. 귀신을 불러라

음식물 쓰레기통

앵~
애앵~
앵~
앵~

장군! 저희가 버리겠습니다!

기주자사 한복의 장수 국의

으악! 쉰내!!
우욱…! 와, 진짜 너무하네ㅠㅠ
왜 장군께서 이딴 잡일을 하셔야 합니까?!

칵! 왜긴…
주군 잘못 만나서지!

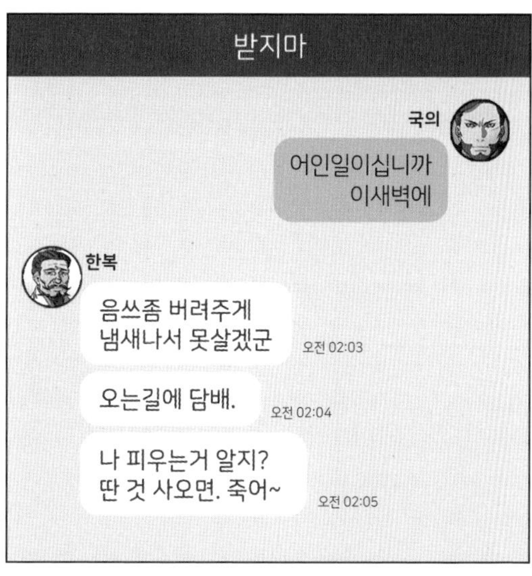
받지마
국의
어인일이십니까
이새벽에
한복
음쓰좀 버려주게
냄새나서 못살겠군
오전 02:03
오는길에 담배.
오전 02:04
나 피우는거 알지?
딴 것 사오면. 죽어~
오전 02:05

상사면
다야?!
확 그냥…
음?!

(알 수 없음)
취소
통화

*〈정사〉 기주 땅 다스리는 기주자사 한복, 부하 국의를 홀대하다. 국의, 한복에게 앙심 품다.

(알 수 없음)
원소
강녕하신지?
발해태수 원소입니다.
잠깐 이야기 좀
가능하실지
국의
???
예.말씀.하십시오
어르신이.제번호를.어떻게
원소
앞으로 친하게 지내고자^^
용맹하기로 이름 높으시기에.
혹시나 해서 연락드렸는데.
왜 안 주무시는지?
국의
자려고.누웠으나
주군께서.심부름을.시키셔서
Oh...저런:(
어찌 그대와 같은
영웅에게 갑질을(눈물)
한복...그렇게 안 봤는데!

톡톡

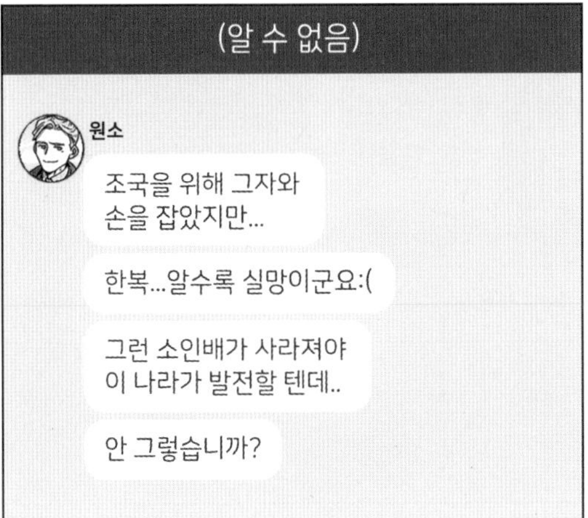
(알 수 없음)
원소
조국을 위해 그자와
손을 잡았지만...
한복...알수록 실망이군요:(
그런 소인배가 사라져야
이 나라가 발전할 텐데..
안 그렇습니까?

원소
장군.
애국 한번 하심이^^?
퍽!

죄인 한복!
썩
튀어나온다,
실시!

정의의
심판을
받으라!

갑질 참
재밌으셨지?!
아주
꿀맛이었지?!
이제
좋은 시대
다 갔어!

*〈정사〉 원소, 몰래 국의와 결탁하다. 국의, 한복 밑에서 반란을 일으키다.

와—
와
와
내려와라!
계급장 떼고
붙어보자!
쫄았냐!
와—!!
국의!
이… 죽일 놈!
감히
내 통수를 쳐?!
내애가~!
새 황제의
오른팔이야!
큭큭! 니들 다
밟아주마!
요렇게…
전화 한 통이면…
꽈악

*한복, 유주자사 유우를 황제로 추대하다.

황제폐하~^.^
한복
통화실패 : 00:18
황제폐하
외ㅐ전화안받으시는지
저좀살려주십쇼
군사ㄲㄲㄱㄱ끌ㅇ고오셔서
저좀 구햐ㅐ주시ㅣㅂ쇼
유우
내가 왜 황젭니까.
한복
?????????

< 첨부사진 : No_thanks_001.png >
유우 : (사진을 보냈소이다.)

유우
이 나라의 신하로서,
감히 옥좌를 탐할 수 없소!
유우
한복, 원소. 그대들도
역적 동탁을 친 충신이오.

*〈정사〉 한복, 유우를 황제로 추대하고자 사자 보내다. 그러나 유우, 사자를 죽이고 옥좌를 거절하다.

유우
허튼 생각 말고
이제 백성들을 챙기시오!

망할!
…죽기 싫어!
이놈들아!
싸워라~!
화살!
쏴쏴 퍼부어!
콰득

이런, 제길!
쾅!
국의…
실망스럽군!
좀더 버틸 것이지!
안 돼… 지금
겁쟁이 한복을 눌러야
내가 안전하다!

*〈정사〉 한복, 반격하다. 국의가 이끄는 반란군, 밀려나다.

…아만.
겁쟁이가 제일
무서워하는 것은?
뭐? 웬 헛소리야.
지금 퀴즈놀이
할 때냐?

호랑이, 천둥번개?
…귀신도 겁내겠군.
Oh, '귀신'이라…
바로 그거야!

'귀신'에게…
문자 한 통
넣어볼까
(웃음)?

*원소, 공손찬을 끌어들여 한복을 치고자 하다.

삼국지톡

十二. WIN-WIN

지진이 나면 산짐승들이 먼저 안다.
저벅
저벅
나라가 기울면?
누가 제일 먼저 날뛰나?

바로 도적들이다.

백성들 "반동탁연합 실패했다…희망이 없어"
"도둑질해서 먹고살자" 속수무책
黃
<사진>부활한 황건적..."어지러운 천하 접수한다!"

*진압됐던 황건적, 다시 기승을 부리다.

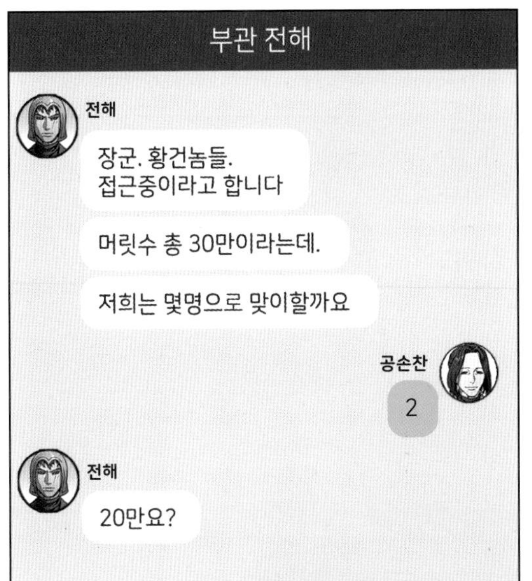
부관 전해
전해
장군. 황건놈들.
접근중이라고 합니다
머릿수 총 30만이라는데.
저희는 몇명으로 맞이할까요
공손찬
2
전해
20만요?

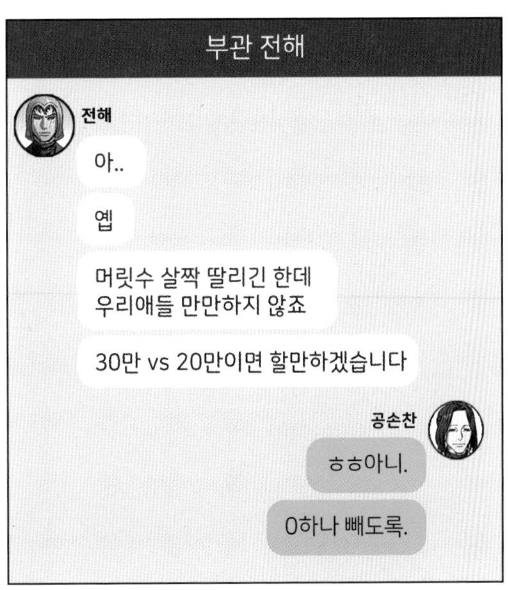
부관 전해
전해
아..
옙
머릿수 살짝 딸리긴 한데
우리애들 만만하지 않죠
30만 vs 20만이면 할만하겠습니다
공손찬
ㅎㅎ아니.
0하나 빼도록.

공손찬
2만이면 충분할 것.

커헉…
사…
살려…
살려주…
제발…

*〈정사〉 공손찬, 2만 병력으로 30만 황건적을 토벌하다. 7만의 목을 치니, 황건적의 피로 강물이 붉게 물들다.

버둥
버둥

축욱…

장군, 대승을 축하드립니다!
이제 나라 안팎 어디에도…

감히 장군께
도전할 자는
없습니다!

흥.
축하라…

북방의 귀신
공손찬 字 백규

하!
다 허튼짓이지!
푹!

나는 곧… 잡아먹힐
사냥개에 불과한 것을!
장군.
이제 쉬시게.

하! 대체…
강한 것이 뭐가 잘못이란
말인가?!

찬아, 강해져야 해.
남들 두 배,
아니… 열 배로!
그래야 살면서
무시 안 당해.
응?
공손찬의 어머니
어린 공손찬
꼭…
강해져야 해…
끄윽…

*〈정사〉 공손찬의 상사인 유주자사 유우. 평화 부르짖다. 공손찬의 공격적인 군사활동에 제동을 걸다.
**공손찬. 아버지는 명문가 사람이나 어머니가 신분 낮은 첩이었던 탓에 서자로 서러움을 겪다.

이제 이 나라에
날 대적할 자는 없다!

내게 더 큰 힘,
더 많은 백성, 더 많은
군사만 있다면!

그런데도 온전히
자유롭지 못하다니!

(알 수 없음)
원소
공손장군.
강녕하신지?
안 받으시는군요
인사 드리고자 연락드렸건만.
유비, 관우, 장비... 훌륭한 장수들을
보내주신 바 감사드립니다.
그런 영웅을 밑에 두시다니.
가히 북쪽의 영웅답군요

(알 수 없음)
원소
사실 사업 얘기를 하고자.
아주... 자그마한 부탁이
하나 있는데^^
들어주시면, 장군께 거대한 땅과
수많은 백성을 선물하지요
어떠신지?
장군?

이런… 읽씹인가(눈물).
졸졸졸…
귀신답군.
그러나 달리 말하면…
나의 말을 듣고는 있는 것이다.
"어디 한번
지껄여보라"는 뜻!
발해태수
원소 字 본초

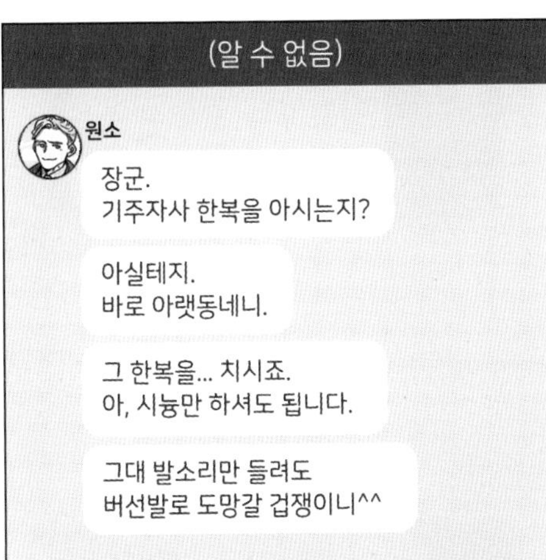
(알 수 없음)
원소
장군.
기주자사 한복을 아시는지?
아실테지.
바로 아랫동네니.
그 한복을... 치시죠.
아, 시늉만 하셔도 됩니다.
그대 발소리만 들려도
버선발로 도망갈 겁쟁이니^^

원소
이 쇼가 성공하면...
장군께 기주땅 절반을 드리죠^^

*'기주자사'는 기주를 다스리는 벼슬.
**원소, 공손찬에게 "한복을 몰아내고 기주 땅을 함께 차지하자" 제안하다.

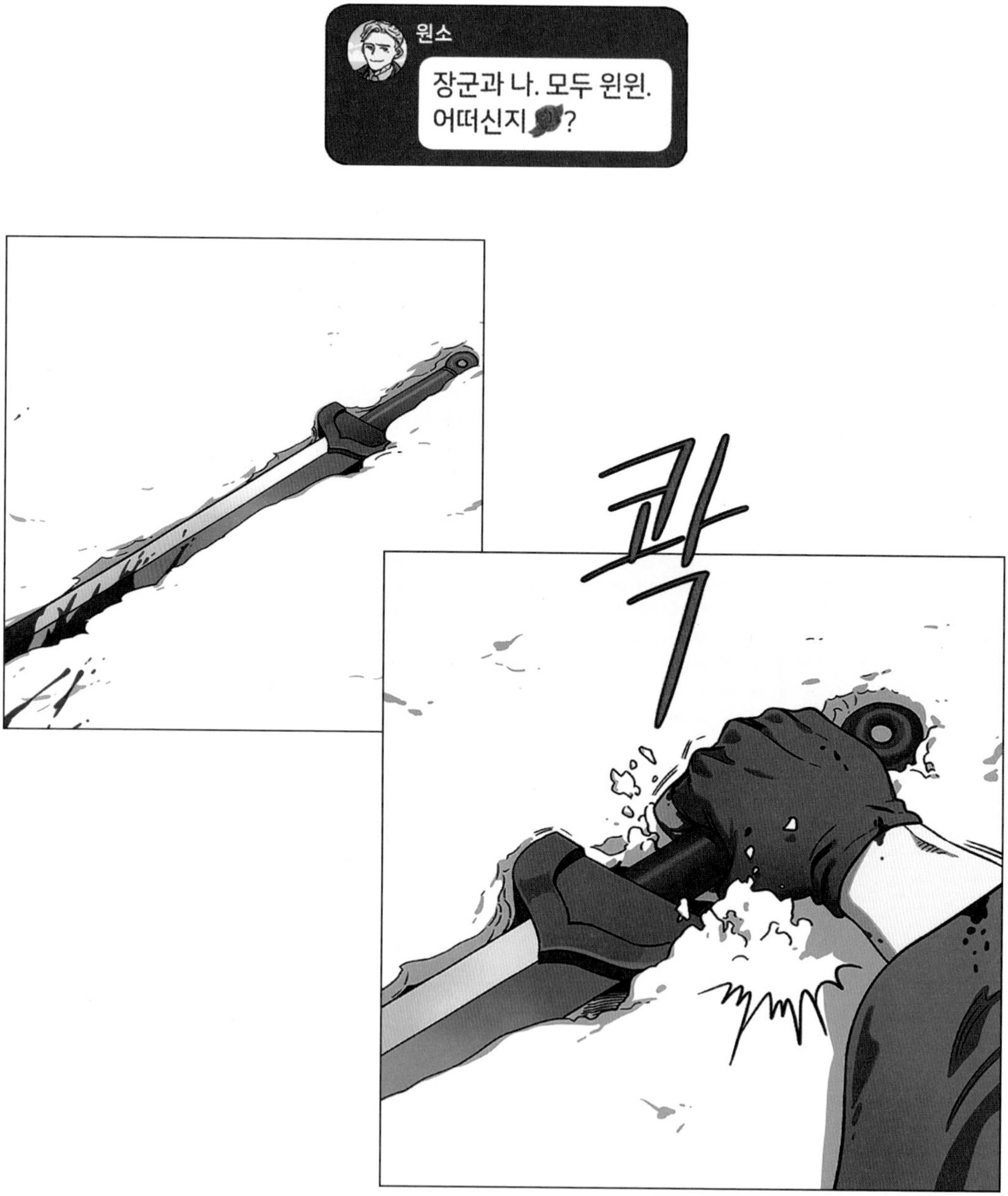

원소
장군과 나. 모두 윈윈.
어떠신지?

콱

삼국지톡

十三. 한복의 몰락

콰직

끄어억…!!

이… 이게
무슨 소리냐?!

덜덜덜

기주자사
한복

그… 귀신이
온다고?!

[속보] 북방의 귀신 공손찬, "기주로 진격"
REC
CAM1
기주 IC / CCTV
14:02:16PM
공손찬 "기주자사 한복, 가만 안 둬"

*한복의 군사들, 공손찬 막으려다 작살나다.

또독똑

웨…
웬놈이냐!
썩 꺼져라!
쨍그랑!!

한복의 집무실 앞
어허~?
꺼지라니?
말본새 보소?

이 양반 왜 이래~?
기껏 살려주러
왔구만~?
원소의 사신
곽도

*원소, 사람들을 보내 한복을 설득(협박)하고자 하다.

Oh…
섭섭하군.
이래서 품위 없는
자들이란(눈물).
흠…
원소의 사신
명문가 순씨 집안 대표
순심
원소의 사신
원소의 외조카
고간

나의 롤모델
고간
삼촌^^
한복이 문을 안 열어주는데요?
원소삼촌
Oh... 저런.
겁먹었나보군.
내가 직접 설득하지^^
신사답게
고간

원소
똑똑^^?

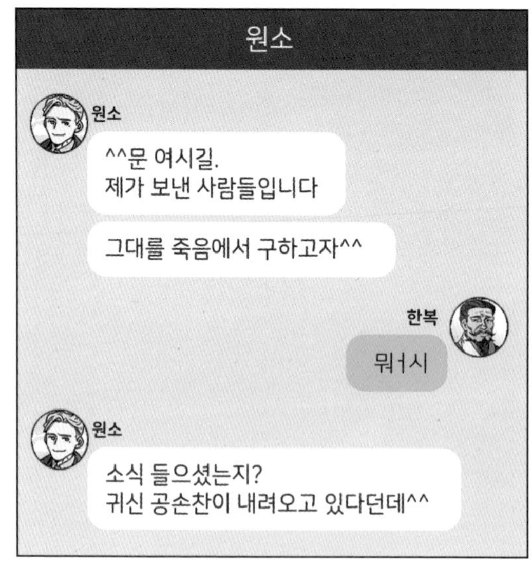
원소
원소
^^문 여시길.
제가 보낸 사람들입니다
그대를 죽음에서 구하고자^^
한복
뭐ㅓ시
원소
소식 들으셨는지?
귀신 공손찬이 내려오고 있다던데^^

원소
원소
정말 안타깝군요...
잡히면 뼈도 못 추릴테니(눈물)
그대를 돕고 싶지만 내겐
겨우 한줌짜리 군사들뿐이라^^
하지만 방법이 없지는 않죠^^
내게 기주를 넘기시도록.
한복
뭐ㅓ임마

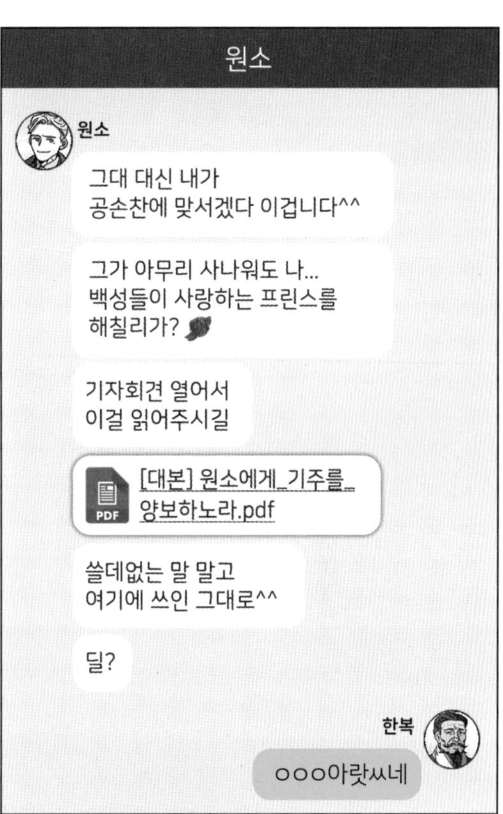
원소
원소
그대 대신 내가
공손찬에 맞서겠다 이겁니다^^
그가 아무리 사나워도 나...
백성들이 사랑하는 프린스를
해칠리가?
기자회견 열어서
이걸 읽어주시길
[대본] 원소에게_기주를_
양보하노라.pdf
쓸데없는 말 말고
여기에 쓰인 그대로^^
딜?
한복
ㅇㅇㅇ아랏ㅆ네

원소
1분 드리겠습니다^^

*공손찬은 한복 주둔지의 북쪽에서 오고, 원소는 그 남쪽에서 군사를 일으키다. 사실상 한복을 위아래로 포위한 것.

망할… 주기 싫다!
기주는 내 거야!

그러나…
살고 싶다아!!!

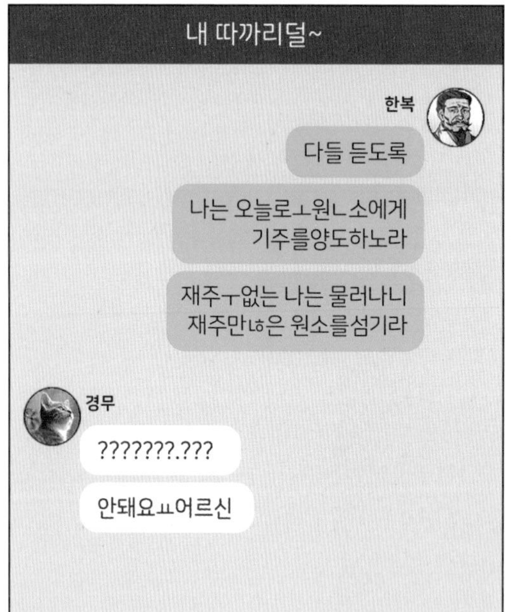
내 따까리덜~
한복
다들 듣도록
나는 오늘로ㅗ원ㄴ소에게
기주를양도하노라
재주ㅜ없는 나는 물러나니
재주만ㄶ은 원소를섬기라
경무
???????.???
안돼요ㅛ어르신

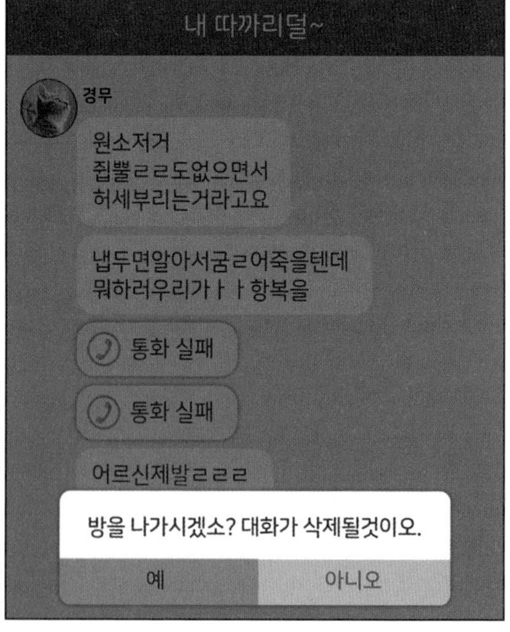
내 따까리덜~
경무
원소저거
쥡뿔ㄹㄹ도없으면서
허세부리는거라고요
냅두면알아서굶ㄹ어죽을텐데
뭐하러우리가ㅏㅏ항복을
통화 실패
통화 실패
어르신제발ㄹㄹㄹ
방을 나가시겠소? 대화가 삭제될것이오.
예
아니오

음?

끼이익…

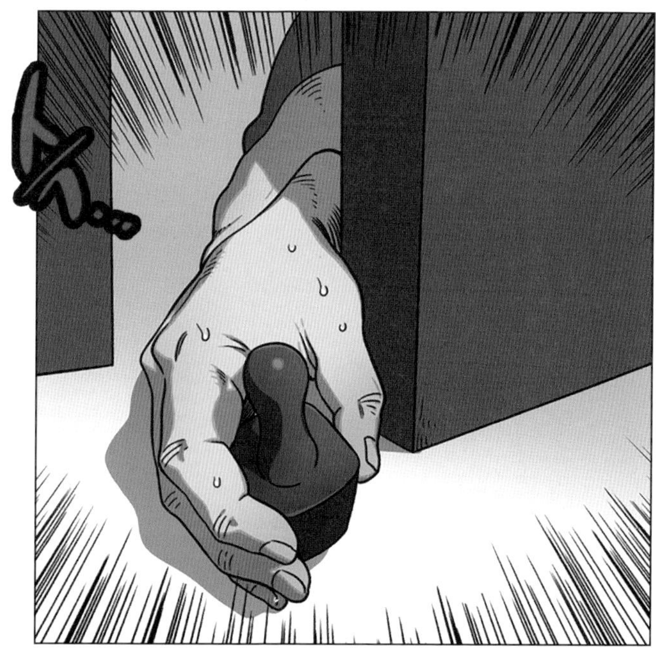

*〈정사〉 한복, 스스로 원소에게 기주의 지배권을 바치다.

축 취임

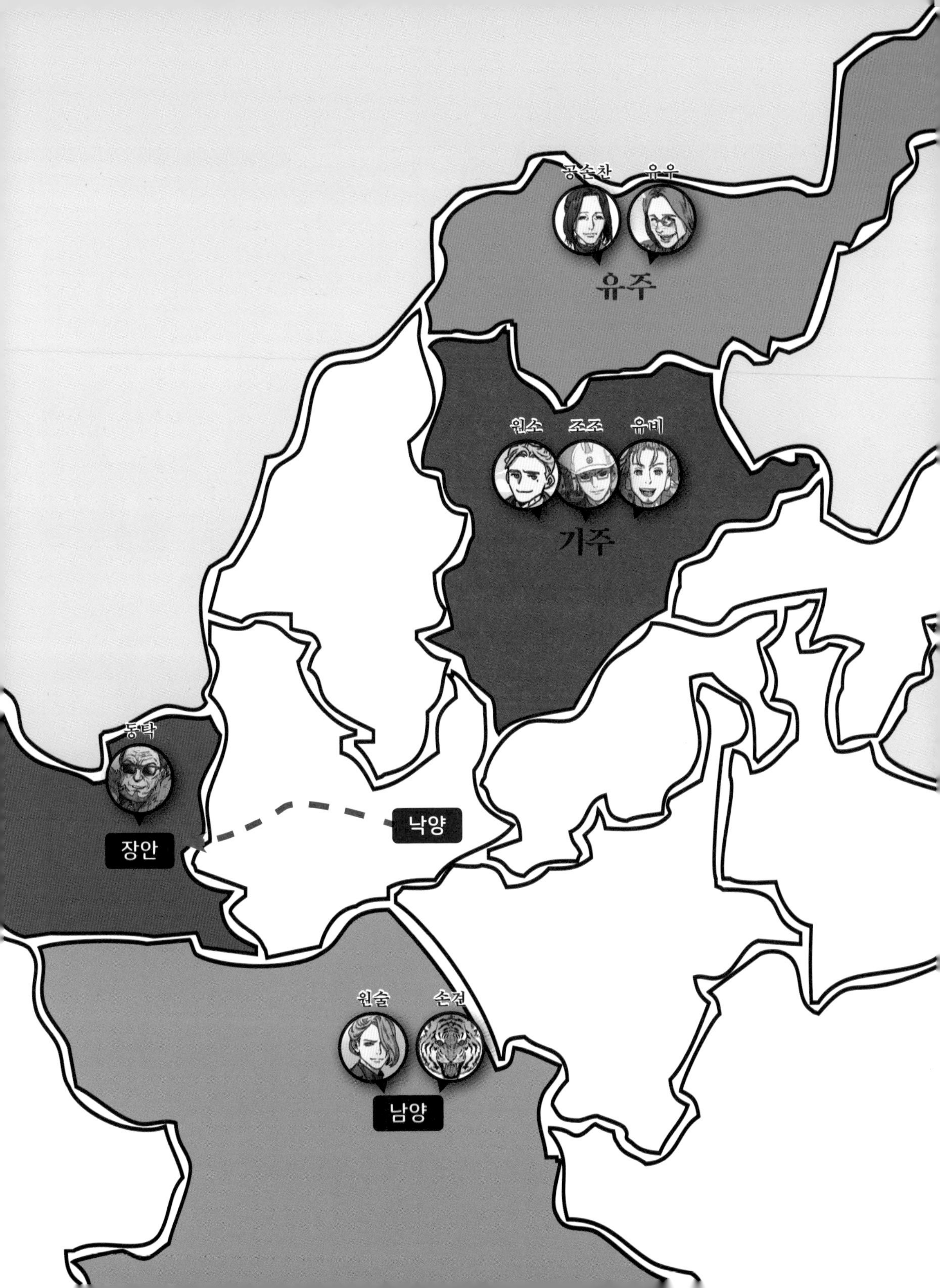
공손찬
유우
유주
원소
조조
유비
기주
동탁
장안
낙양
원술
손견
남양

꺄악—!
♥환영♥
갓원소
환영해요
프린스원소
으흐흑…
어르신!
여기 좀
보세요!!!

*원소, 기주를 얻어 기주목이 되다.

어서와,
기주는 처음이지?
前한복 따까리
現기주의 지배자
원소 字 본초

드디어 손에 넣었다.
이 넓은 기주 땅, 생산력, 백성들과 군사들이… '모두' 나의 것이다!

부우웅-
공손찬 / 북방의 귀신^^
취소
통화

부우웅-
아차… 이자를 깜박했군?

귀신을 부려먹었으니…
내가 마땅히 답을 해야겠지?^^

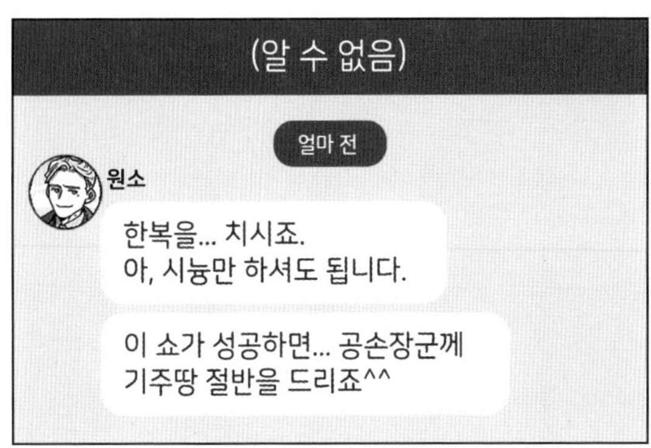
(알 수 없음)
얼마 전
원소
한복을... 치시죠.
아, 시늉만 하셔도 됩니다.
이 쇼가 성공하면... 공손장군께
기주땅 절반을 드리죠^^

"공손찬/북방의 귀신^^"님을
차단하시겠소?
아니오
예
통화

十四. 옥새를 내놔

원술의 거처(호화)

내놔.
강동의 호랑이
손견 字 문대

…어르신.
무슨 말씀이신지?

하! 시침떼긴.
내가 모를 줄
알았나?

손견의 고용주
대명문가 원씨집안
원술 字 공로

네놈이 숨겼잖나?
순순히 내놓으시지?

내… 옥새!

허, 기가
막히는군!
'내 옥새'라고?

원술, 네놈이 미쳤구나!
수백 년간 황제들만이 가졌던 보물을 '내것'이라니?

[속보] 프린스 원소, "기주는 나의 것"
하긴, 배 아플 테지! 제 형은 기주를 먹고 떵떵거리고 있으니…

귀한 옥새가 탐나, 눈깔이 뒤집혔을 터!
어르신, 억울합니다!
제가 낙양에서 본 것은 오직 무덤과 먼지뿐.

*손견, 폐허가 된 낙양에서 전국옥새를 줍다.
**원술의 이복형 원소, 기주의 지배자가 되다.

보물을 주웠다면,
즉시 가져와
바쳤을 터!
아하~ 그래?

딱!
데려와!

손견의 아내
오국태
채…
책이 아빠?!

오랜 싸움으로
가족이 그리웠지?
특별히 초대했다.
국태야!!
왜 여기에?!
자… 사랑하는
아내 앞이니…
솔직히 불도록.
옥새…
네놈이 갖고
있지?
원술!
죽여버릴
테다!

*원술, 오국태를 인질로 잡다.

얼마나 걱정했는데…
감히 국태를 건드려?!
얼마 전
아빠호랭이 손견
야 어린이들
엄마 바쁘시냐
전화도 문자도 안되네
내새끼 손책
헐 아버지도 모르심?
아침에 학교갈땐 계셨는데
내새끼 주유
주차장에 어머니차 있어요
경찰에 신고함

옥새? 오냐! 있고말고!
국태야! 이깟 거 줘버리고…
이놈들 싸그리 처죽일 테다!

절레
절레

헉

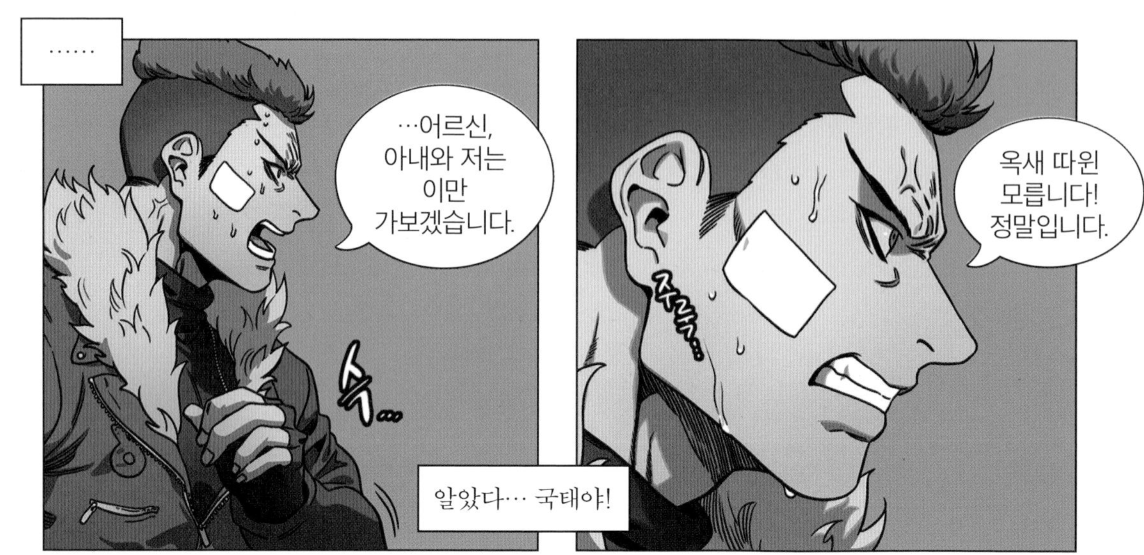
……
…어르신, 아내와 저는 이만 가보겠습니다.
옥새 따윈 모릅니다! 정말입니다.
알았다… 국태야!

그런데도 끝까지 저희를 붙잡으신다면!

"손견과 원수가 되겠다"

강동에 선전포고 하시는 걸로 알 것인즉!

깜짝!

*〈정사〉 손견, 옥새를 내놓다.
**〈연의〉 손견, 옥새를 감추다.

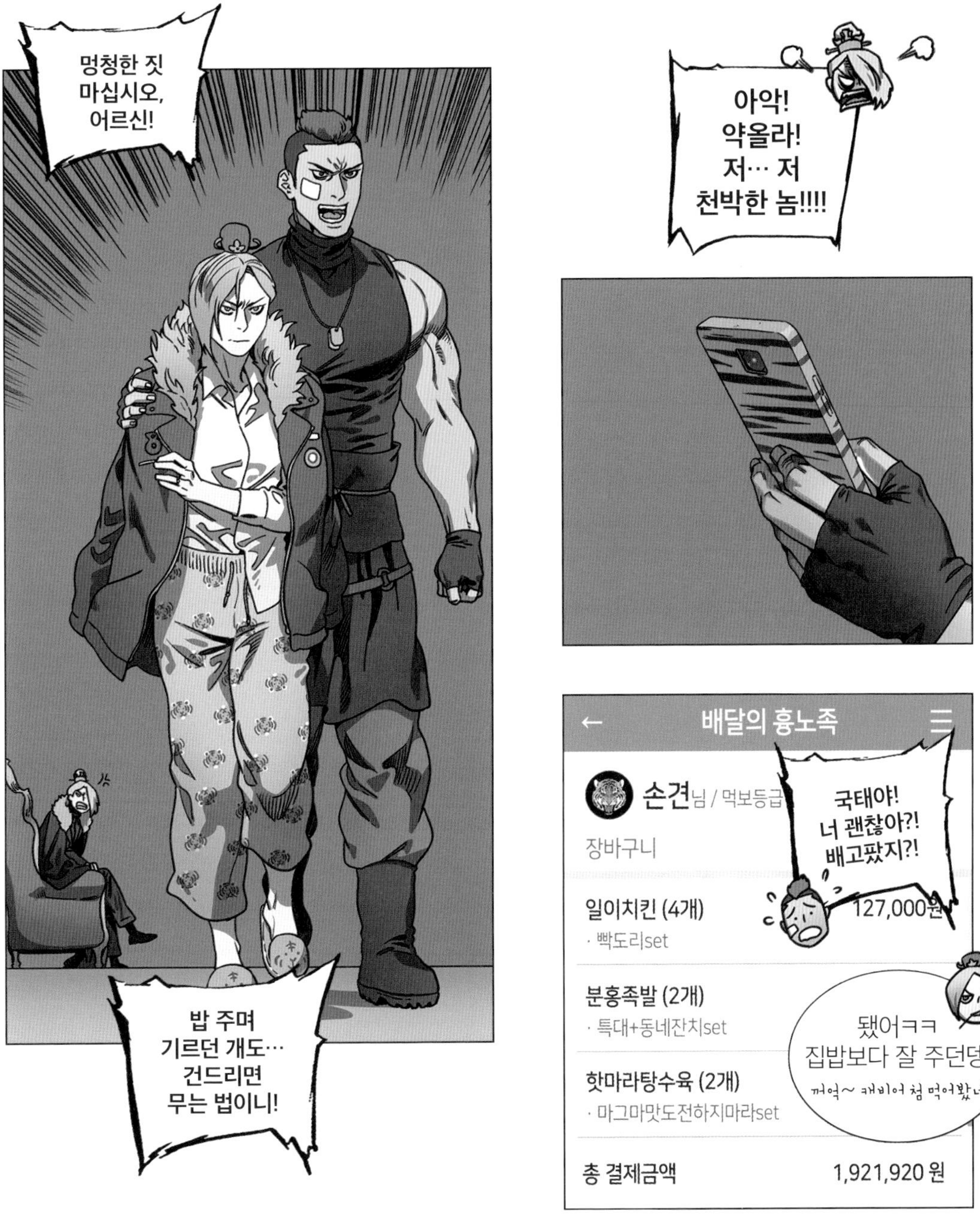

멍청한 짓
마십시오,
어르신!

밥 주며
기르던 개도…
건드리면
무는 법이니!

아악!
약올라!
저… 저
천박한 놈!!!!

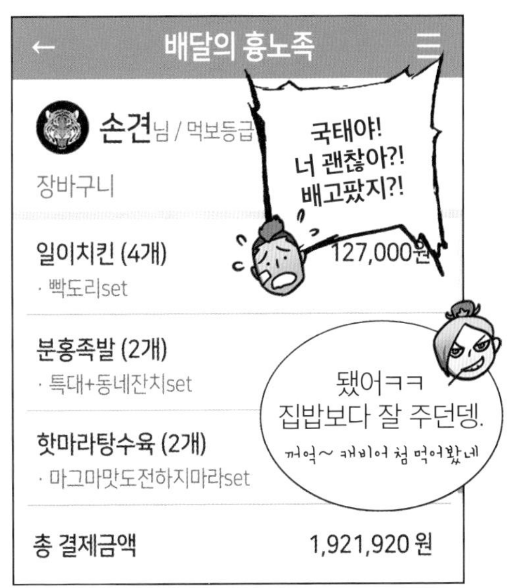
배달의 흉노족
손견님 / 먹보등급
장바구니
일이치킨 (4개) 127,000원
· 빡도리set
분홍족발 (2개)
· 특대+동네잔치set
핫마라탕수육 (2개)
· 마그마맛도전하지마라set
총 결제금액 1,921,920 원
국태야!
너 괜찮아?!
배고팠지?!
됐어ㅋㅋ
집밥보다 잘 주던뎅.
꺼억~ 캐비어 첨 먹어봤네

으~~
원가 놈들!
재수없어!
작은놈이고
큰놈이고
눈치만
빨라가지고…
?

큰놈이라니?
누구? 원소?

설마 걔도
당신한테
옥새 있는 거
알아?!

으득…

어…ㅋ
진작에
들켰더라.
그 싸이코

十五. 원소에게 찍히면

들켰다고?!
이럴 수가…
어떻게
알았대?!

몰라.
우리한테
스파이라도
심었는지…
나한테
뭐라는지
알아?

원소
얼마 전
원소
강녕하신지 손장군^^
듣자하니 그대가 나라의
귀한 보물을 보관중이라던데.
내게 맡기도록.
손견
무ㅜ슨 말씀이신지.
원소
Oh...오케이^^

원소
그 옥새.저주를 부른다지?^^
누가 가졌는지..미리 명복을 빔

*〈연의〉 손견, 황제의 도장 전국옥새를 손에 넣다. 원소, 반동탁연합 맹주인 자신에게 내놓으라 협박하다.

책이 아빠 약속해.
그놈하곤…
최대한 엮이지 마.
에이~
그딴 놈
겁 안 나!

그냥…
멀리하라면
멀리해!

원소…
이 쎄한 놈!

기주(원소 근거지)

ㅋㅋ
한복
죽어라

쨍그랑!!
분위장군 한복

아싸 맞았다.
+10점!
ㅋㅋㅋㅋ
WC
야, 비켜.
내 차례ㅋ
퍽!!

와장창!!
이익… 이…
나쁜 놈들!
前기주자사
現분위장군
한복 字 문절

친절상담 기주112
기주관청
무엇을 도와드릴까요?
한복
나 한복인데 출동좀
조폭들이 우리집 다뿌순다
기주관청
고양이겠죠
한복
먼놈의 고양이가 자동차를 뿌수냐
기주관청
알았고요 순찰한번 돌아드릴게요
한복
망할놈아 왜ㅔ 내말 안믿어줘

덜덜덜
끄아악!
이런 젠장!
네놈들도
원소 따까리지?!

원소… 이 사기꾼아!
나 잘 먹고 잘살게 해준다더니…
한복
원본초 이사람~
나한테 감정없지?
다 강하게 키우려고 그런거쥐~^^
기주땅 넘기면 내신변.보장하지?
원소
물론^^
약속드리죠.
내 명예를 걸고.
나는 그대에게 손가락 하나
대지 않을 것

와장창!!
흠칫!

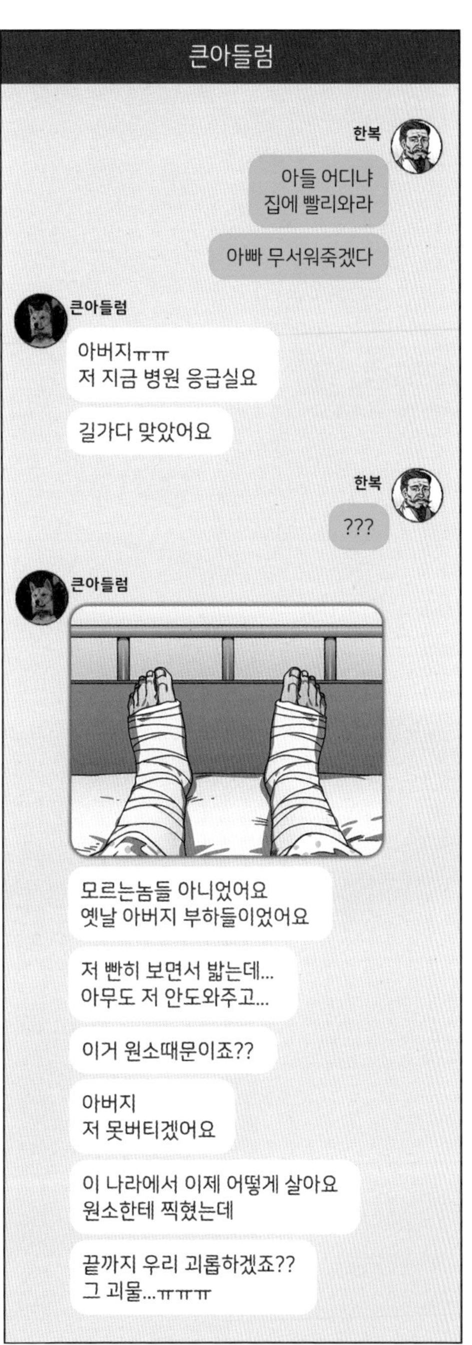
큰아들럼
한복
아들 어디냐
집에 빨리와라
아빠 무서워죽겠다
큰아들럼
아버지ㅠㅠ
저 지금 병원 응급실요
길가다 맞았어요
한복
???
큰아들럼
모르는놈들 아니었어요
옛날 아버지 부하들이었어요
저 빤히 보면서 밟는데...
아무도 저 안도와주고...
이거 원소때문이죠??
아버지
저 못버티겠어요
이 나라에서 이제 어떻게 살아요
원소한테 찍혔는데
끝까지 우리 괴롭하겠죠??
그 괴물...ㅠㅠㅠ

*한복, 과거에 원소가 만든 반동탁연합을 방해했다.

**〈정사〉 한복 부하들, 한복 증오하는 원소에게 점수 따려고 한복 가족을 테러하다. 집 부수고 큰아들 두 다리를 부러뜨리다.

와르르
으아악!
끄흐흐…
내가… 멍청했다!
천하의 멍텅구리였어!
내 땅, 벼슬, 명예…
모든 것을…
두 눈 뜨고 원소에게
빼앗겼도다…

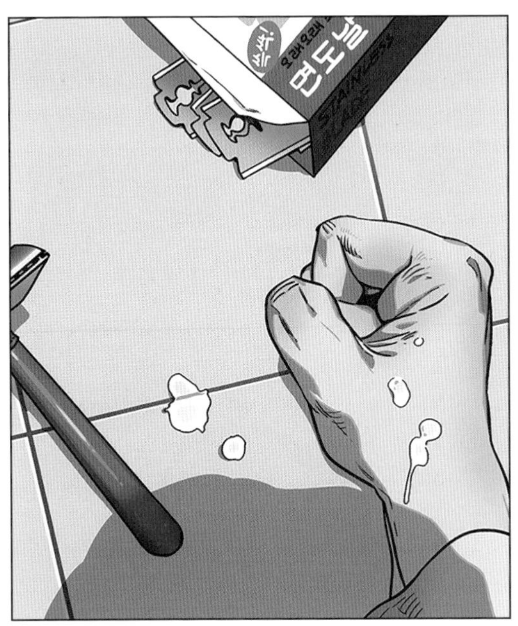

텁

[속보] 한복, 자택에서 극단적 선택(1보)
죽어라
T CROSS POLICE LINE DO NOT CROSS

기주대병원에 빈소… 조문객 없어 썰렁
기주관청 수사대, "단순 자결이니 수사종결"

*한복, 변소에서 자그마한 날붙이로 생을 마감하다.

[속보] 기주목 원소, 빈소에 깜짝등장
찰칵
찰칵
찰칵
찰칵찰칵
또르르★
원소 "어쩌다 이런 비극 일어났는지…믿기지 않아"

[속보] 기주목 원소, 빈소에 깜짝등장
찰칵
찰칵
찰칵
찰칵
찰칵
원소 字 본초 / (기주목)
꿈에도 몰랐다. 그토록 힘드신 줄은.
왜 진작 도와드리지 못했는지…(눈물)
[속보] 눈물의 기자회견…"프린스, 역시 훈훈"

[속보] 기주목 원소, 빈소에 깜짝등장
찰칵
찰칵
찰칵
찰칵
원소 字 본초 / (기주목)
슬프지만… 돌아가신 분 뜻 이어받아
기주를 잘 다스리겠다.(웃음)

*〈정사〉 원소, 직접 나서지 않고 한복을 숙청하다.

하! 웃기시네~ 야, 원소 인마!
탕!

뻔뻔하긴… 어디라고 여길 기어와?!

너 인마~ 사람이 마! 그렇게 살면 안 돼~!
세상에 할 짓 있고 못 할 짓 있어! 알어~?!
원소, 조조의 친구
소문난 의리맨
진류태수 장막

十六. 우린 친구잖아

콱
사람 하나 페인 만들고! 죽으라고 등 떠밀고!

아주 속이 시원하지~ 엉?!

쯧! 승자란 놈이 추접하기는…

*장막, 원소가 한복을 숙청한 것을 공개적으로 비난하다.

원소!
넌 지인짜
나쁜 놈이…
퍽!!
억!

#소리없이_강한 #명치컷

야~ 이거 완전 맛이 갔구만~?!

아이고~! 이 화상아! 혼자 몇 병을 깐 거래?!

진선생!
이 인간
신발 챙겨.
자! 헛소리
고만하고!
집 가세!

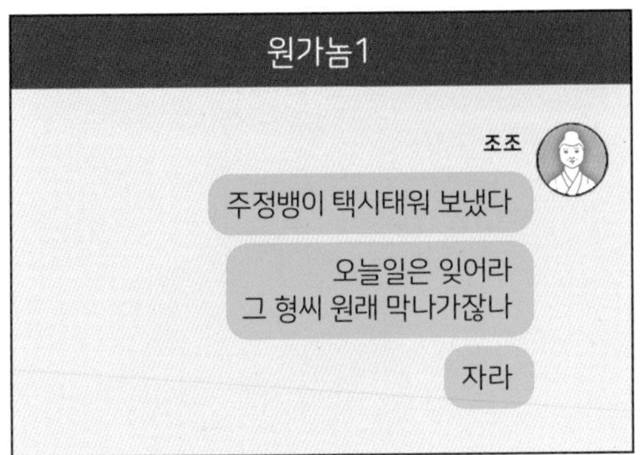
원가놈1
조조
주정뱅이 택시태워 보냈다
오늘일은 잊어라
그 형씨 원래 막나가잖나
자라

조조의 숙소
쯧!
거지같군.
내가 이토록
긴장하다니?

오랜 친구끼리…
목소리 좀 높인 것뿐.
그러나 원본초…
네놈은 지금, 권력의 아귀!

이제 널 벗으로…
편히 대해서는 안 되겠군…
부글
?!

원가놈1
원소
바둑무쌍
[초특급 바둑액션]
친구야 놀자~♥
원소님께서 조조님을
바둑무쌍에 초대하셨소!
신의한수 두러가기 >
조조
야 해킹당했냐??
이 시국에 뭔 바둑이야
원소
^^? 흥미가 생겨서
조조
별 꼴을 다 보는군
넌 오직 체스뿐인줄
원소
^^;?
조조
그냥 니 관상이?

[prince**1so]
'원소'님이 입장하셨소!
[prince**1so] : Oh…
[prince**1so] : 나와 놀기 싫은지^^?

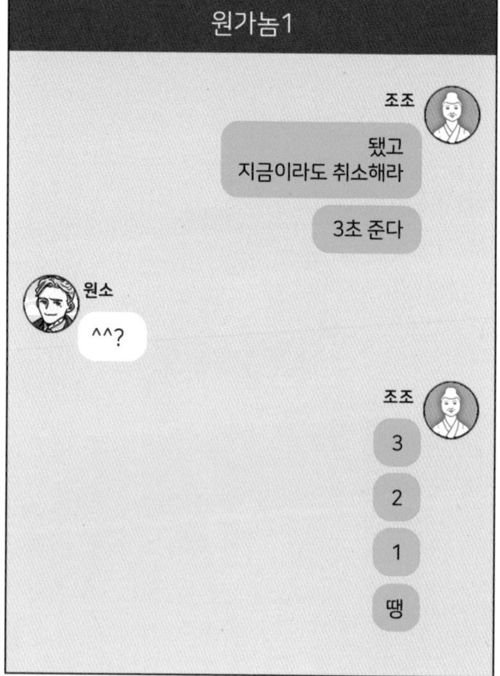
원가놈1
조조
됐고
지금이라도 취소해라
3초 준다
원소
^^?
조조
3
2
1
땡

#고인물 #오브 #고인물

후회
안 하지ㅋ?

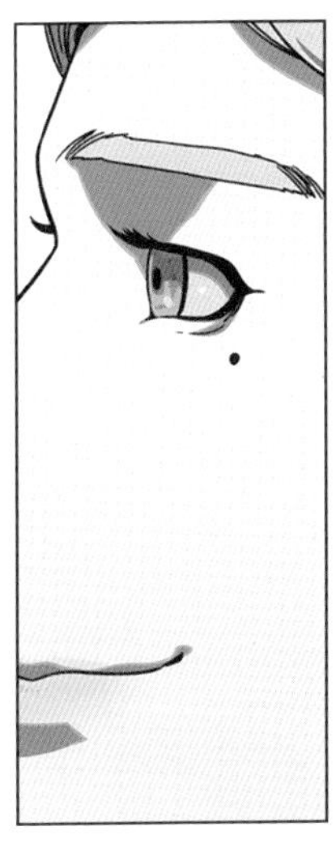

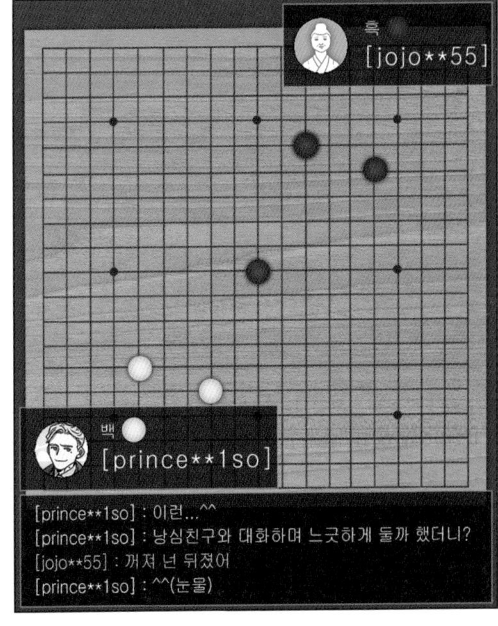
흑
[jojo**55]
백
[prince**1so]
[prince**1so] : 이런...^^
[prince**1so] : 낭심친구와 대화하며 느긋하게 둘까 했더니?
[jojo**55] : 꺼져 넌 뒤졌어
[prince**1so] : ^^(눈물)

*조조는 당대 이름난 바둑고수였다고.

체스는…
아만^^;
플레이가
더럽군?
그래야
재밌지!
상대의 킹을 잡으면
나의 승리.
그러나 바둑은 서로 땅을 뺏고
빼앗기는 진흙탕 싸움!

즐겁다. 내가 왜 잊었지?
원본초… 너는 목숨걸고
십상시, 동탁을 쳤다.

네 방식엔 의문이 들지만…
깨끗한 짓만 하면서 살 수 있나?
난세에 뜻을 이루려면 힘이 필요한 법.

*상대의 수를 따라 두어서 이득을 얻는 흉내바둑을 '조조바둑'이라고도 한다.

다행이다. 네놈과 나는,
변함없는 벗이다!
…아만.
사실 네게 긴히
부탁이 있는데.

사람을 한 명…
없애주지 않겠어?

…뭐?

장막…
그 친구를
죽여줘.

*〈정사〉 원소, 조조에게 장막을 숙청하라 요구하다.

十七. 적의 적은 친구

조조
지금... 뭐라고?
기주의 지배자
원소 字 본초
기주, 원소의 집무실

장막을…
죽여달라고.
알지.
내 마음도 아파.
장막은 우리
친구잖나?

하지만…
대를 위해서
소는
희생해야지?
꽉

백성들이
고통받고 있어.
멍청한 황제들,
탐욕스러운 십상시…
이젠 잔인한 동탁에게
쪼이고 있지.

그들에겐
새 희망이
필요해.
바르고, 훌륭하고,
흠집 하나 없는
리더가!
그래. 바로…
'프린스 원소' 같은(웃음)?

그러니 친구,
네가 나의 칼이
되지 않겠나?

나의 적들을
없애줘.

그럼 나는,
네가 바라는
치세를 보여주지!

흑
[jojo**55]
백
[prince**1so]
[prince**1so] : 어떠한지^^?
[jojo**55] : 무슨
[jojo**55] : 개같은
[조조님께서 메시지를 쓰는 중...]

사랑하는
원술아우님...^^
통화
취소

?!

사랑하는
수신거부 했소이다.
통화
취소

원술
전화 받아라 종놈아
후회하기 싫으면ㅋ
사랑하는
수신거부 했소이다.
통화
취소

승
흑
[jojo**55]
로그아웃하시겠소?
자동패배가 되오!
예
아니오
백
[prince**1so]
패
[prince**1so] : 이런...^^;
[prince**1so] : 잠깐 아만. 다시 연락하지
[jojo**55] : ??
[prince**1so] : 스팸전화가 자꾸 와서^^

정말…
불쾌하군!
꾸욱…

사랑하는 원술아우님...^^
원소
무슨 일이지 아우님^^?
나같은 역적과는
말도 섞기 싫다지 않았나?
원술
건방지게 문자질이야
내가 전화하랬다 종놈아
글자쓰기 귀찮아
원소
Oh...실례^^

사랑하는 원술아우님...^^
원소
부디 양해를.
아까 저녁식사를 마쳐서
아우님 목소리를 들으면
체할것 같으니^^
원술
이런 처ㅓㄴ한놈
그래ㅎㅎ
네놈 잘난척도 오늘까지다
여기가 어디게ㅎ?

< [첨부사진] kill_the_jongnom.png >
@손견

< [첨부사진] kill_the_jongnom.png >
@원술
@공손월

사랑하는 원술아우님...^^
원소
아우님... ^^
이게 무슨 짓인지?
원술
ㅎㅎ왜? 빡치나?
넌 늘 내것을 빼앗았잖나?
내 가문도 내 명예도
이제 내 기분을 좀 알겠나ㅎ?
그나저나 실망스러운데?
종놈치고는 눈치가 둔하군ㅎ?
낯익지 않나ㅎ?

*〈정사〉 원술, 원소의 영역 중 하나인 양성을 공격하다.

짙은 초록머리에 성이… 공손씨?
벌떡!
설마!

*〈정사〉 원술과 공손찬, 손잡다.
**공손찬, 사촌동생 공손월에게 군사 천 명을 주고 원소를 위협하도록 명하다.

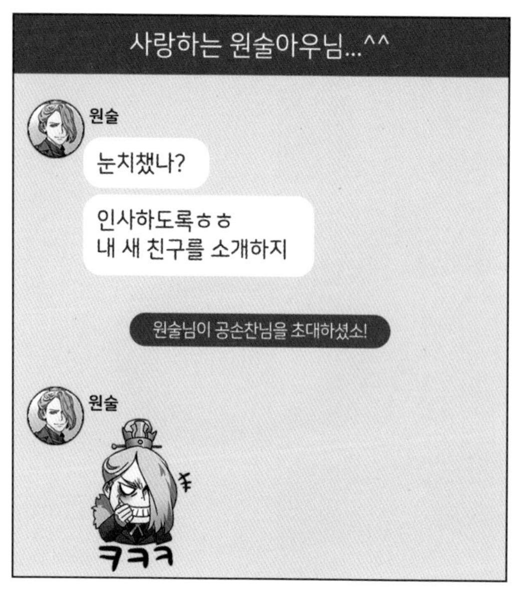
사랑하는 원술아우님...^^
원술
눈치챘나?
인사하도록ㅎㅎ
내 새 친구를 소개하지
원술님이 공손찬님을 초대하셨소!
원술
ㅋㅋㅋ

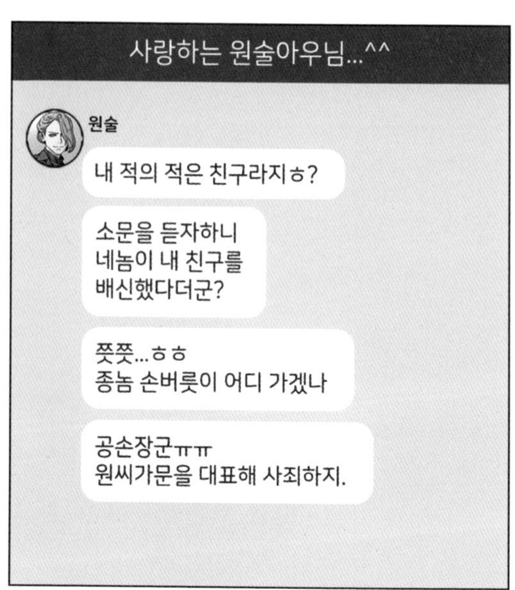
사랑하는 원술아우님...^^
원술
내 적의 적은 친구라지ㅎ?
소문을 듣자하니
네놈이 내 친구를
배신했다더군?
쯧쯧...ㅎㅎ
종놈 손버릇이 어디 가겠나
공손장군ㅠㅠ
원씨가문을 대표해 사죄하지.

흥!
이번엔
내 차례다!
귀신과 함께…
네 모든 걸
빼앗아주마!

*원소, 공손찬에게 기주 땅을 일부 내주기로 약속하고는 혼자 몽땅 차지하다.

十八. 공손찬의 과거

가랏! 공손찬!
종놈을 물어!
원소의 이복동생
원술 字 공로
기주의 지배자
원소 字 본초

…잠깐.
원가 어르신.

뭘 단단히
착각하신
듯한데?

나는 원소…
이자를 당장 죽일
생각은 없소만?
뭣이?!

원술, 공손찬
공손찬
처음부터 기대도 않았지.
약속을 지키리라고는.
원소. 그쪽같은 부류 아주 잘 알거든
입만 산 위선자들.
원술
그래ㅎ그러니까 죽이라고
공손찬
아니? 아직 때가 아니오.

정말 통쾌하군!
원소…
그대의
죽을 날, 죽을 곳은
내가 정해주지.

*〈정사〉 공손찬, 군사시위를 하고 원술을 도와 원소를 압박할 뿐, 먼저 원소를 치지는 않다.

공손찬

목이나 씻고 기다리도록!

공손찬님께서 퇴장하셨소!

원술님께서 퇴장하셨소!

기주 전략회의실

원소님이 곽도, 순심, 고간님을 초대하셨소!

원소 

이해가 안 가는군.
왜 당장 이곳으로 쳐들어오지 않지?

 곽도

흠...?

 순심

때를 기다리는거죠.
생각보다 똑똑하네요. 공손백규

 고간

^^?

 순심

알아서 기주땅 바치라는겁니다.
죽기 싫으면.

 곽도

하긴...ㅎㅎ
힘으로 뺏는건 영 보기 안좋지.

그 찌질한 한복조차도 팬이 있었는데
프린스 원소를 죽였다가는...ㅎㅎ

귀신...머리 좀 되네? 웬일이야??

 순심

그럴 수 밖에?

공손백규...지금은 무장이지만
원래는 문관이었거든요.

9급 밑바닥부터 시작했다던데?

원소 

No way!
명문가 공손집안의 자제가?

최소 현령 아니었을지^^

 곽도

우리 순선생ㅋㅋ말문 콱 막혔구만
왜냐면 말입니다 어르신...ㅎㅎ

*곽도, 순심은 원소의 책사. 고간은 외조카.
**일부 한복 부하들, 한복이 원소에게 기주 넘겨줄 때 반발했으나
결국 숙청당하다.
***『삼국지톡』 후한 관제는 편의상 9급 공무원으로 칭합니다.

곽도
공손찬 고놈... 서자거든?
움찔

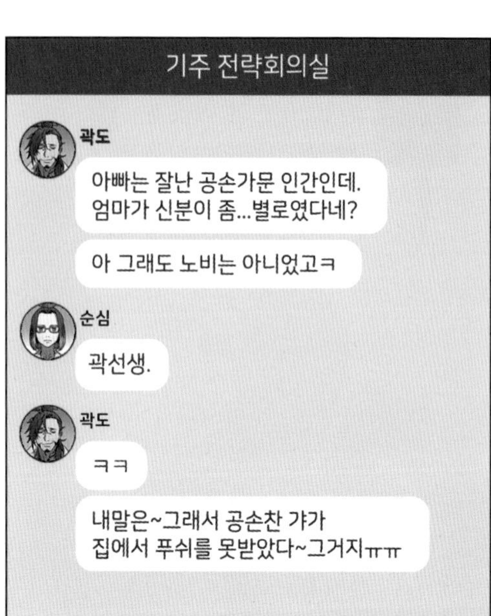
기주 전략회의실
곽도
아빠는 잘난 공손가문 인간인데.
엄마가 신분이 좀...별로였다네?
아 그래도 노비는 아니었고ㅋ
순심
곽선생.
곽도
ㅋㅋ
내말은~그래서 공손찬 걔가
집에서 푸쉬를 못받았다~그거지ㅠㅠ

곽도

공손찬... 옛날엔
완전 딴판이었다는데ㅎㅎ?

띵동—

199

꽤 오래전,
유주 요서군 관청

신청하신 서류
나왔습니다~
도장 꼭 챙기세요.

아유~ 이뻐라~
젊은 총각이 어찌
그리 싹싹해?

고마워요~
이거 한 병
쭉~ 해.

사회초년생
9급 공무원
공손찬 字 백규

……

기주 전략회의실
고간
Oh...곽선생님...거짓말도 작작^^
그 끔찍한 귀신이 성실한 청년?
사람 목베기가 취미인 그 공손찬이?
곽도
씁! 믿기시름 말등가~~

짜식ㅎㅎ
고생 좀 했다더라고?

손찬씨~!
밥 먹자!
아…
저 일 끝내고
먹겠습니다.
유수관청

캬~~!
왠케 열심히 해?!
어차피 철밥통인데?

명문가는
다르네~
우리끼리 간다~
수~고~

顔 안면장부

요서군 관청 대나무숲

방금 전 모바일로 작성, 요서군 관청

[뒷담] ㄱㅅㅊ 그 인간 밥맛이네요

너무 나대는듯
명문가 금수저가 취미로 9급하는 주제에
왠케 유난인지,,,

익명님 외 14명이 화나요! 댓글27개

익명 : ㄹㅇ 나같으면 쪽팔려서 그만둔다

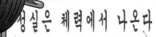

뭐… 지도 깝깝했겠지ㅎㅎ

20KG

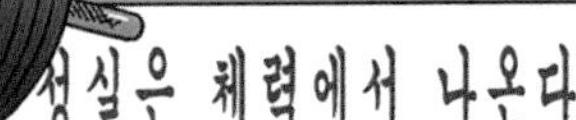
성실은 체력에서 나온다

원판은
제자리에
-유수관청-

수건은
한장씩!
-유수관청-

별 볼 일 없는 업무에
기대 걸어주는 사람도 없고.

그래도 열심히 하면,
누군가는 알아주는 법ㅎㅎ

호오…?

무지 높은 사람
공손찬의 보스
유수군 태수

태수 어르신

태수 어르신

우리 찬이씨는 참~기특해?
10을 시키면 100을 해와~

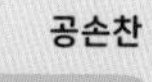

공손찬

감사합니다.

태수 어르신

얼굴도~잘났잖어~?
젊을적 나만큼은 아녀도~

목소리도 완죤~제임슈딘~~캬~~

그래서말인데~자네 여친있나~?

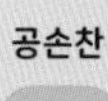

공손찬

예?

태수 어르신

우리딸이 지금 솔론데~
선 안볼려~~~?

아 젊은친구들은~소개팅이라고 하든가~?

< [첨부사진] 우리 딸랑구~^^.png >

뭐라고…?!
태수 어르신의…
따님과?!

태수 어르신

태수 어르신

잘났고~ 똑똑하고~ 공손하고~

우리 찬이씨~
내 사위로~ 딱이야 딱~!

내사람 되면~ 내가 출세도 시켜주고
대학도 보내주고 할라는데~^^

어뗘~?

태수 어르신

나같은 빽 필요없남~?

十九. 두 개의 태양

하늘에서… 나를 구원해줄

동아줄이 내려온 것 같았다.

신부님~
신랑님~
웃으세요~
하나~둘~

< [모바일청첩장] 공손찬 장가갑니다 >
두 사람의 새로운 출발을
축복해주시면 감사하겠습니다.
유수웨딩홀

부인…
자랑스러운 남편이
되겠습니다!

대갓집 사위
공손찬 字 백규

*9급 공무원 공손찬, 지체 높은 태수의 딸과 결혼하다.

하루아침에 신분상승!
사림
노식스쿨
내 앞에 펼쳐진 건?
말 그대로 비단길이었으니…
어어~
신입생
공손찬이~!
왔어~?
노식스쿨 교장
존경받는 학자
노식 字 자간
열심히
배우겠습니다,
스승님!
아이고~
거 이름처럼
공손하네~
잘해보세!
꾸벅!

*〈정사〉 공손찬, 장인인 태수의 도움으로 노식의 제자가 되다.
**노식스쿨은 명문가 자제들이 우글우글한 출세 코스.

그러나… 단꿈도 잠시.
찬물 맞은 듯 현실로 돌아왔으니.

공지 : 엄빠직업을 꼭 이름앞에 붙여주세요!

공손찬님 외 14인을 초대했소!

태수사위 공손찬
왜 여기…15명뿐이지? 16명 아닌가?

사장딸 황씨
헐 아 걔 빼먹었네 귀큰애ㅇㅇㅇ

장관아들 혐씨
엥 유비??

됐어ㅋㅋㅋ 걔 왜불러
집에 ㅈ도없는 가난뱅이인데ㅋㅋ

유비 신분세탁하러
울학교 왔을걸ㅋㅋ??
지 엄마랑 짚신팔았음ㅋㅋㅋㅋ

[할인] 성인용/프리사이즈
★☆☆☆ 배송 왤케느려
[판매자답변] 죄송합니다 고객님ㅠㅠㅠ >

나 사이트도 찾았다

노식스쿨 친목방

공지 : 엄빠직업을 꼭 이름앞에 붙여주세요!

3대가 교수 교씨
헐ㅋㅋㅋㅋㅋㅋㅋㅋㅋㅋㅋㅋ
짜증나 걍 일반인이네ㅋㅋㅋㅋ

장관아들 혐씨
ㅇㅇ 걍 차단박아
타고난 신분은 극복못함ㅋㅋㅋㅋ

맞다 찬이형님ㅋㅋㅋㅋㅋㅋㅋ
저 인수다 팔로좀 받아주세요ㅜㅜ

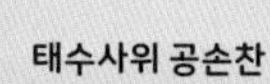
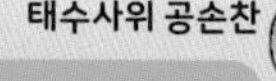
태수사위 공손찬
형이라니? 우리가 친했나?
선배라고 불렀으면 하는데^^

장관아들 혐씨
헉,,,,,죄ㅣ송합니다,,선배님ㅜㅜ

유비라… 가엾은 것.
너도 한때의 나처럼
아등바등 버티고 있구나.

뭔데, 꺼져…
유비 字 현덕
(당시 16세)

그래. 잊지 말자!

후배님^^
형이 밥 사줄까?
돈도 지위도…
부인과 장인어른께 잠시 빌린 것!

나를 밀어줄…
'내 사람'을
만들어야 한다!
님
누군데요…
ㅋㅋ

그래, 오직 사람!
그것만이 나의 힘이었다.
어르신,
송구합니다.
여기서부턴
걸으셔야
합니다.
혈통과 가문은… 바꿀 수 없지만,
내 사람은 내가 지키리라!

미안하네…
이 늙은이
때문에.
자네만
고생하는구먼…?
아닙니다.
먼길도…
아닌 것을요?

*〈정사〉 공손찬, 억울하게 유배 가는 상사를 유배지(일남)까지 호위하겠다고 스스로 나서다.

출발지 낙양
도착지 일남
최단거리 : 측정불가
소요시간 : 측정불가
현위치
낙양
일남
힘내십시오. 금방… 도착합니다.
알고 있다. 나는… 죽음을 택한 거나 마찬가지지다.
추위, 피로, 전염병, 배고픔… 온갖 위험이 길동무이니.

그리고… 여행자의 두둑한 주머니를 노리는
벌레만도 못한 도적들!
이… 망할! 뒈져라 좀!! 사람이냐 귀신이냐?!

*일남 : 현재의 베트남.

**직선거리가 한반도 남북 길이의 세 배 정도.

여기서… 죽을 순 없다!
이깟 놈들에게 당할 실력이라면…

살아남더라도
무슨 큰일을 하겠나?!

끄악!!

악…!
크어억!

이 공손찬!
만약 살아남는다면…
공포의 상징이 되리라!

아무도 얕보지 못하는!
지상에서 가장
강한 자가 되리라!

*〈정사〉 공손찬의 상사, 누명을 벗다. 유배지에서 돌아온 공손찬, 상사에게 충성한 공으로 벼슬길 추천받다.

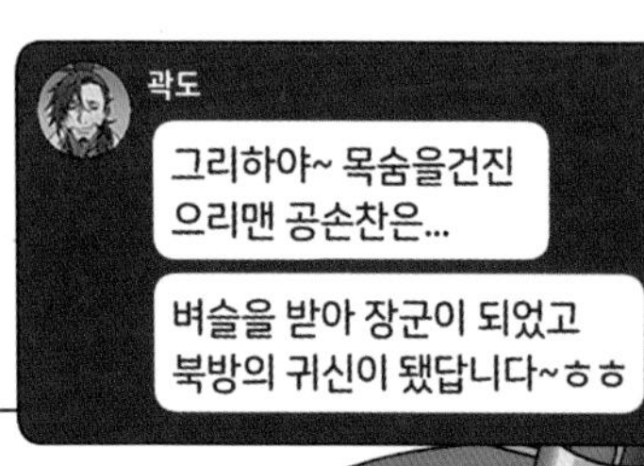
곽도
그리하야~ 목숨을건진 으리맨 공손찬은…
벼슬을 받아 장군이 되었고 북방의 귀신이 됐답니다~ㅎㅎ

…놀랍군.
그자에게 그런 과거가 있었다니?

공손찬의 원수
기주의 지배자
원소 字 본초

나, 프린스 원소…
반평생 허리를 숙이고 산 자.

언제나 무대 뒤에
나를 감추었다.

공손찬… 그대와는 정반대지.
서로 이해할 수 없으리라 믿었건만.

그러나, 우리 둘은 많이 닮았어.

둘 다 고단한 어린 시절을 보냈지.

그 탓인가?
원하는 것 또한 같군.

'최강자'라는 이름!

하늘에 두 개의 태양이
함께할 순 없으니…

싸움은 피할 수 없겠군^^?

그러나…
내 전력이 형편없이 밀린다!
전면전만은 막아야 해…

벌컥!

어… 어르신!
큰일났습니다!

고, 공손찬이…
대군을 이끌고
여기로 진격중!!!

뭐라고?!

二十.　공손찬 vs. 원소(계교전투)

치… 침공입니다!
공손찬이 현재…
이곳으로 진격중!

뭐라고?
말도
안 되는 소리!
그자가 왜?!
공손찬
원소. 그쪽같은 부류 아주 잘 알거든
입만 산 위선자들.
원술
그래ㅎ그러니까 죽이라고
공손찬
아니? 아직 때가 아니오.
마땅한 명분도 없을 터.
왜 갑자기?!

*공손찬, 원소를 협박만 할 뿐, 직접 공격하지 않다.

그게…
이것 좀
보십시오…
방금 막
들어온
첩보인데…
?!

[첨부파일] 첩보001.png

어르신 때문에
자기 동생이 죽었답니다!

[속보] 공손찬 "원소에게 복수하겠다"

프린스사랑해

그래도 전쟁 일으키는건 좀... 백성들 고생하게

42분 전

좋소이다 202 | 싫소이다 199

가족같은분위기

너도 가족 잃어봐라 빡돌지ㅜㅜ난 이해됨

26분 전

공손찬을 향한
동정론 퍼지는 중!!

*〈정사〉 공손찬 사촌동생 공손월, 원소를 공격하던 중 전사하다.

실시간 급상승 | 1위 프리스 원소

실시간 핫이슈

1위

[충격] 프린스 원소의 추악한 10가지 진실 (3,271)
정말 실망이네요... 널리 알려주세...

[사진有] 프린스 1소 사진 ㄹㅇ 인증 합니다ㅠㅠ (931)
측근인 지인에게 받은 사진입니다...

거기다… 지금 이상한 글이 퍼지고 있는데…

공손찬 측이… 일부러 뿌린 걸로 보입니다!

실시간 핫이슈 > BEST

1위글 [충격] 프린스 원소의 추악한 10가지 진실

글쓴이 익명

1.원소, 동탁을 불러들였다?
- 팩트! 사납고 더러운 원소때문에 동탁이 낙양을 접수했다!

2.원소, 황제폐하 버리고 튀었다?
- 팩트! 동탁이 폐하 인질로 잡았는데 혼자 낙양에서 도망쳤다!

3.원소, 원씨가문 망하게 했다?
- 팩트! 가족들 구하러 안 가는 바람에 모두 동탁에게 죽었다!

4.원소, 백성들 괴롭혔다?
- 어쨌든 팩트! 백성들 고문하고 괴롭혀서 돈 뜯어냈다!

5.원소, 불쌍한 한복을 죽였다?
- 팩트! 벼슬도 빼앗고 공문서도 위조했다! 지가 황제야??

6.원소 부하들, 백성들한테 갑질했다?
- 팩트! 그러라고 냅둔 원소가 제일 나쁜놈!

7.프린스 원소? 프린스 쪼잔!
- 팩트! 자기 도와준 신하들도 맘에 안들면 죽인다!

8.원소, 갑질쟁이?
- 팩트! 제후들한테 돈뜯어내고 안내면 죽였다카더라!

9.충격! 원소는 천한 종놈이다?!
- 팩트! 원술 어르신의 비밀제보...엄마가 사실 노비였다!

10.원소, 착한 손견 괴롭혔다?!
- 동탁을 물리친 장수 손견을 괴롭히고 식량도 안줬다!

원술

ㅎㅎ종놈아... 드디어 네놈의 추한 비밀이 드러났군?

*〈정사〉 공손찬, 황제 유협에게 '원소가 지은 10가지 죄'라는 글을 바치다. 이런 죄인을 토벌하는 게 나라를 구하는 길이라 주장하다.

명분으로도… 힘으로도…
저 귀신을 막을 방법이 없습니다…
……

지원을 요청했으나… 이웃 제후들 모두 연락 두절!!

어르신을 버리고… 차례로 공손찬에게 무릎 꿇고 있습니다!

*원소, 평소에 감정을 잘 드러내지 않았으나 천한 신분 소리에 매우 분노하다.

어찌하면 좋을지…
어르신, 명령을 내려주십시오!
역적… 원소를 쳐라!
맛이 어떠냐 원소! 
두두
두두
네놈에게 승산은 없다!

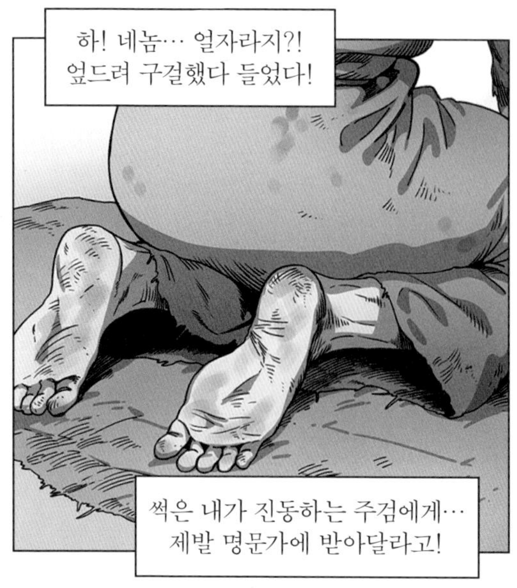
하! 네놈… 얼자라지?!
엎드려 구걸했다 들었다!
썩은 내가 진동하는 주검에게…
제발 명문가에 받아달라고!

비굴한 놈… 나약한 놈!
나는 네놈과 다르다!
내 힘으로, 칼로!
저 높은 정점에 서리라!

?!

장군!
저길 보십시오.

*〈정사〉 원소는 노비의 아이. 그러나 돌아가신(족보상의) 어머니, 아버지 무덤을 6년간 모시다. 효심을 인정받아 명문가 일원이 되다.

두두
두두두

*원소, 공손찬의 수만 명 정예 병력에 맞서 소수 병력만 이끌고 나타나다.

으아악!

으…
아아!

하!
군졸도 없이
홀몸이라?

원소 네놈…
항복이라도
할 참이냐?!

실망스럽군.
붙어보기도 전에
포기하다니!
오냐! 고통없이
단칼에 죽여주마!
두두두두두
겁쟁이 원소!
그 잘도
굽히는 무릎,
어디…
이 공손찬에게도
꿇어보아라!

전군!
지금이다!!

!?

二十一. 위기의 공손찬

국의
어르신. 절 믿으십니가
얼마 전
?
기주의 지배자
원소 字 본초

군사작전방(읽고 지울것!)
국의/장군
제게. 맡겨주십시오
공손찬. 막을방법. 잇슴
원소
?
국의/장군
몰래. 숨어잇다가. 기습하면. 될것
원소
글쎄. 공손찬군이 탄 백마는
바람처럼 빠르다더군.
우리의 칼과 창이 닿지 않을텐데?
국의/장군
안심하십시요.
기주에는. 비장에무기가. 잇슴
이것이. 강노인데. 워낙에강해서.
말모가지도. 한방에. 뚫어버릴것
하나. 염려되는거는.
공손찬이가. 아마추어가아닌데.
기습작전을. 눈치를못챌가 그것이...
원소
안심하도록.
자신만만한 공손찬은...
아무 의심없이 우리에게 달려들것^^
?
내가 보장하지.

*노弩 : 흔히 '석궁'이라 부르는 무기. 기계의 힘으로 화살을 쏘기 때문에 파괴력이 매우 세다. 다리와 허리로 활줄을 당기는 것도 있다고.

전군!
지금이다!
공손찬처럼…
앞만 보고
살아온 자는
절대 발밑을
보지 않으니!

?!

*공손찬, 장수 국의가 이끄는 강노병을 눈치채지 못하다.

놀랐나,
공손찬?!
이게
내 특기다.

엎드린 채
조용히 때를
기다리는 것!

그래…
나는 자그마치 6년을 버텼다.
죽음보다 고통스러웠지.

그러나, 알고 있었다.
허리를 펴고 일어나면…
결국 내가 승리할 것을!

실망하지 말도록.
공손찬, 그대는 강했어.

그러나… 강자가 꼭 승자는 아니잖나^^?

조준!

흡..
쏴라!!!

핑

그대는
땅을 박차며
달리도록^^
나는…
그 위의 하늘을
날 테니!

퍽
망할! 화살을… 피할 곳이 없다!
퍼버벅

*공손찬이 자랑하는 기병들, 속수무책으로 당하다.

후둑…
공손찬의 부하
장수 엄강

컥… 장군,
죄송합니다…
우리가…
방심했습니다!
부디… 목숨을
구하십시오!

쫓아라!!!
반하강, 계교다리

내가…
등을 보이다니?!
이 공손찬이!

놓쳐선 안 된다!
적장을 살려
보내지 마라!

전군!
공손찬을 조준!
내가 이겼다, 귀신이여!

*공손찬, 크게 패배하다. 계교다리 너머 북쪽으로 도망치다.

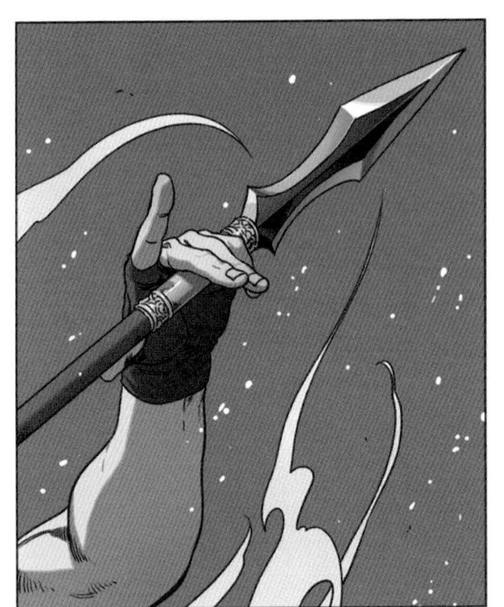

쏴라!

?!
쉬익

네 이놈!
어딜 감히!

캉!

촤자작

?! 웬 힘이…
태산만한 바위를
친 것 같구나!

쿵!
크억!

망할…
전군!
화살을
퍼부어라!

상 산
常

기주 상산사람
조운 字 자룡子龍

북방의 맹장
공손찬 字 백규
놀라운 몸놀림이다… 대체… 누구냐?!
……
왜 우리를 돕지?!
청주자사(임시)
전해
부릅!
……! 여유부릴 때가 아니다!
자… 장군! 어서 여길 벗어나시지요!
저자가 적들의 발을 묶겠답니다!

우리 공손찬군은 강하다!
이봐! 누군진 모르나… 죽지 말고 조금만 버텨라!
하! 우습구나! 헐레벌떡 도망친 주제에!
전군! 패자 공손찬을 고슴도치로 만들어라…
관우 字 운장
장비 字 익덕
공손찬의 후배 유비 字 현덕
두두두두두두

*〈정사〉 흩어져 달아났던 공손찬군, 다시 돌아오다.
**〈연의〉 유비, 공손찬 구하러 달려오다.

공손
장군을
구하라!
!
이런…
거머리
같은 놈들!
척
어르신!
이거 쓰시고
숨어 계십시오!
그만!
난 싸우다
죽기를
바랄 뿐!
어찌 부끄럽게
목숨을
구걸하겠나?!
오오! 어르신!

*〈정사〉 원소, 투구를 내던지며 "적에게 죽게 되었으나, 어찌 비겁하게 숨어 목숨을 구하겠나?" 외치다. 원소군, 감격해 필사적으로 원소 지켜내다.

원소 어르신을
지키자!
이런… 귀신이여!
오늘이 제삿날은 아닌가보군?
어서 달아나도록^^
다음에 만날 땐…
최강자만이 살아남으리라!

유주,
공손찬의 군영
불가하네.
썩 물러나게.

아이 어르신~
제가 걱정돼서
그럽니다ㅜㅜ

이거 한 병씩들
드시고요~

박하스

딱 선배님
얼굴만 뵙고…

안 돼.

우리를
구해준 건
감사하지.
그러나…

자네도 신하라면,
주군의 마음을
헤아리도록!

누구도 들이지 말라는…
공손 장군님 엄명이야!

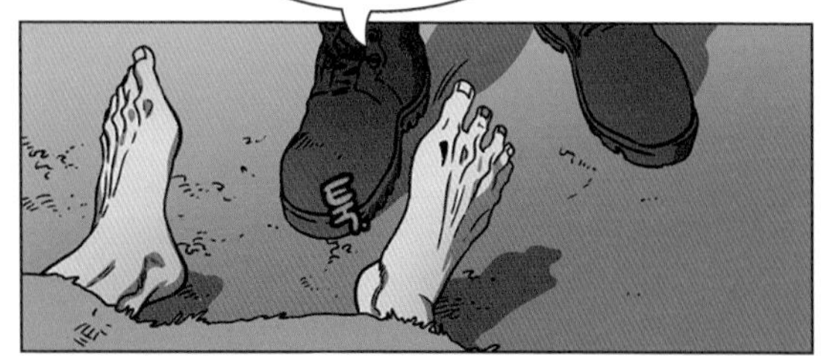
…예…
내일 다시 찾아뵙지요.
고생 많으십니다…
툭

보고도 믿기지 않는다.
백규 선배가… 패하다니?

선배의 남하 계획은 실패했다.
그러나… 겁먹고 숨은 것이 아니다.

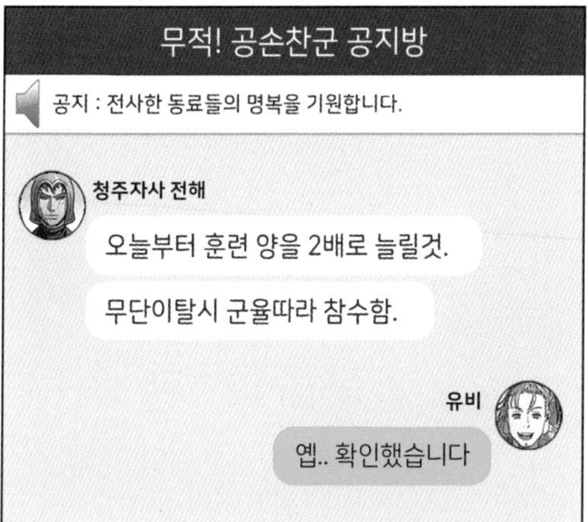
무적! 공손찬군 공지방
공지 : 전사한 동료들의 명복을 기원합니다.
청주자사 전해
오늘부터 훈련 양을 2배로 늘릴것.
무단이탈시 군율따라 참수함.
유비
옙.. 확인했습니다

잔인한 복수를…
준비하시는 게 분명해!

하… 생각을 떠보려는데…
얼굴조차 뵐 수 없으니…
유비
선배님?
선배님ㅜㅜ
식사하셨어요? 몸은 성하신지ㅜㅜ
이거 보시면 꼭 답좀...
제가 걱정돼서 그래요ㅜㅜ

만약 분노에 눈멀어…
끔찍한 짓을 저지르신다면?

나와 아우들은…
선배의 아랫사람일 뿐이다.

우리도 공범이 되어…
손에 피를 묻히게 될 터!

…아니…
괜한 걱정이리라…

부르르~
!

피치 보이스
막내 장비
(형)님
어디ㅋㅋ?
왜안옴ㅋㅋㅋㅋㅋ구경와ㅋㅋ
아ㄴㄴㄴ
인사드리러와ㅋㅋㅋ
유비
?
막내 장비
우린 벌써 도착ㅇㅇ

피치 보이스
막내 장비
둘째형도 웬일로 혹한듯ㅋ?
나 저분 번호딸까ㅋㅋ
유비
?????
막내 장비
초면에 비매넌가??
실력 보아하니 나이 많겠지? 30? 40?
나보다 막 20살 많으신거아님???
ㅇㅋ결심했음

막내 장비
선빵쳐서 내가 이기면 번호딴다ㅋ
맞다!
그분!

#어른공경(X) #어른공격(O)

자룡 어르신~
따끔하세요~
ㅇㅋ.
셋 세고 뛰어든다?
하나, 둘…

二十三. 폭주하는 공손찬

공손찬군의 영채,
의무실 앞

아우야!
잠깐.

공손찬군 군의관
(화타의대 졸업)
심평* 字 건보
그나저나~
우리 조자룡 어르신
참 대단하셔~?
어떻게 상처가
스친 것뿐이래?
침만 발라도
낫겠네~
다 들었어요~
화살이 장대비처럼
쏟아졌는데
그걸 다
피하셨다며?!

*『삼국지톡』 오리지널 캐릭터.

우리 자룡
어르신~
너무너무
대단해~!

…? 선생님.
그건 뭡니까?
소독
으응?
빨간약을
몰라요?

이야~
하도 세서 다칠 일이
없으셨나보다!
까먹으셨어요?
요오드요~
상 산
학생 때
과학시간에~
녹말에 뿌리면
보라색으로
변하던 거~

아!
아이오딘
말씀이구나…

찰그랑!!

조자룡 당신…
정체가 뭐야?!
어르신…
아니
자룡아!

*교과과정이 바뀐 후 '요오드'를 '아이오딘'이라 한다고…

설마 너…?!

공손찬군 영채,
유비 삼형제 막사
막내 장비
(형)님 이거 뭐라고함?
소독할때 바르는거

피치 보이스
공지 : 죽어도 같이죽고 살아도 같이살자
유비
? 요오드
막내 장비
ㅇㅇ나도 요오드나 빨간약 둘째형은??
둘째 관우
옥도정끼,,
막내 장비
아 할배요ㅜㅜ
유비
야 아이오딘… 충격이다
막내 장비
내말이ㅎ
근데 요샌 그렇게 가르친다캄ㄷㄷ
그리고 그 어르신ㄴ
ㅉ
걔 허리에 상산 체육복ㅇㅇ
어디껀가 찾아봤거든??
유비
상산 합기도? 상산 특수부대?
막내 장비
ㄴㄴ

< [교가] 기주 상산고등학교.mp4 >
상산
♪ 높~은 항산 억센바~위 정~기를 받아 ♪
♪ 씩~씩하게 자~라나는 우~리 상산고~ ♪
[교가] 기주 상산고등학교.mp4 0:17

유비 (30세)
♪ 싹~트~고 꽃~피우는~상~~산~새싹들~ ♪

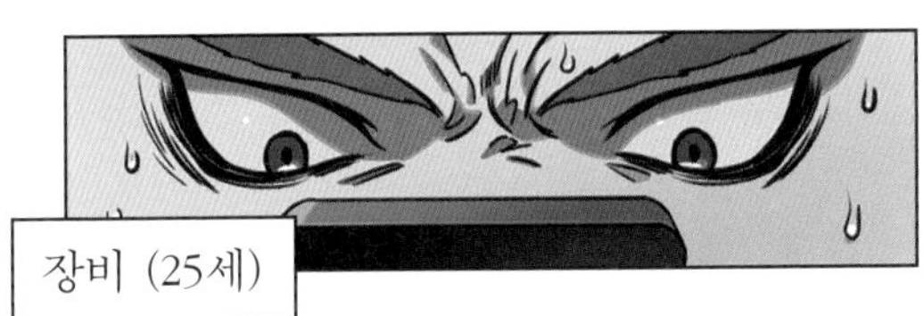
장비 (25세)

관우 (?세)
♪ 알~리자 북돋~우자~~~우리의 기상~~ ♪

피치 보이스
공지 : 죽어도 같이죽고 살아도 같이살자
유비
야...걔그럼 갓스물???
와 그나이에 ...무예가......캬...
막내 장비
ㄴㄴ미친거지
지가 아기장수 우투리여 뭐여
교복도 안버린 애X끼가
전장에 왜텨나옴??
유비
ㅎㅎ........
막내 장비
내가 포차에서 쏘맥말때
조자룡 학교에서 단소 불었다ㅉㅉ

아우… 다섯살에…
병나발 불었다고…

*항산 : 조자룡의 고향, 상산군 근처의 산.
**『삼국지톡』의 조자룡은 171년생.

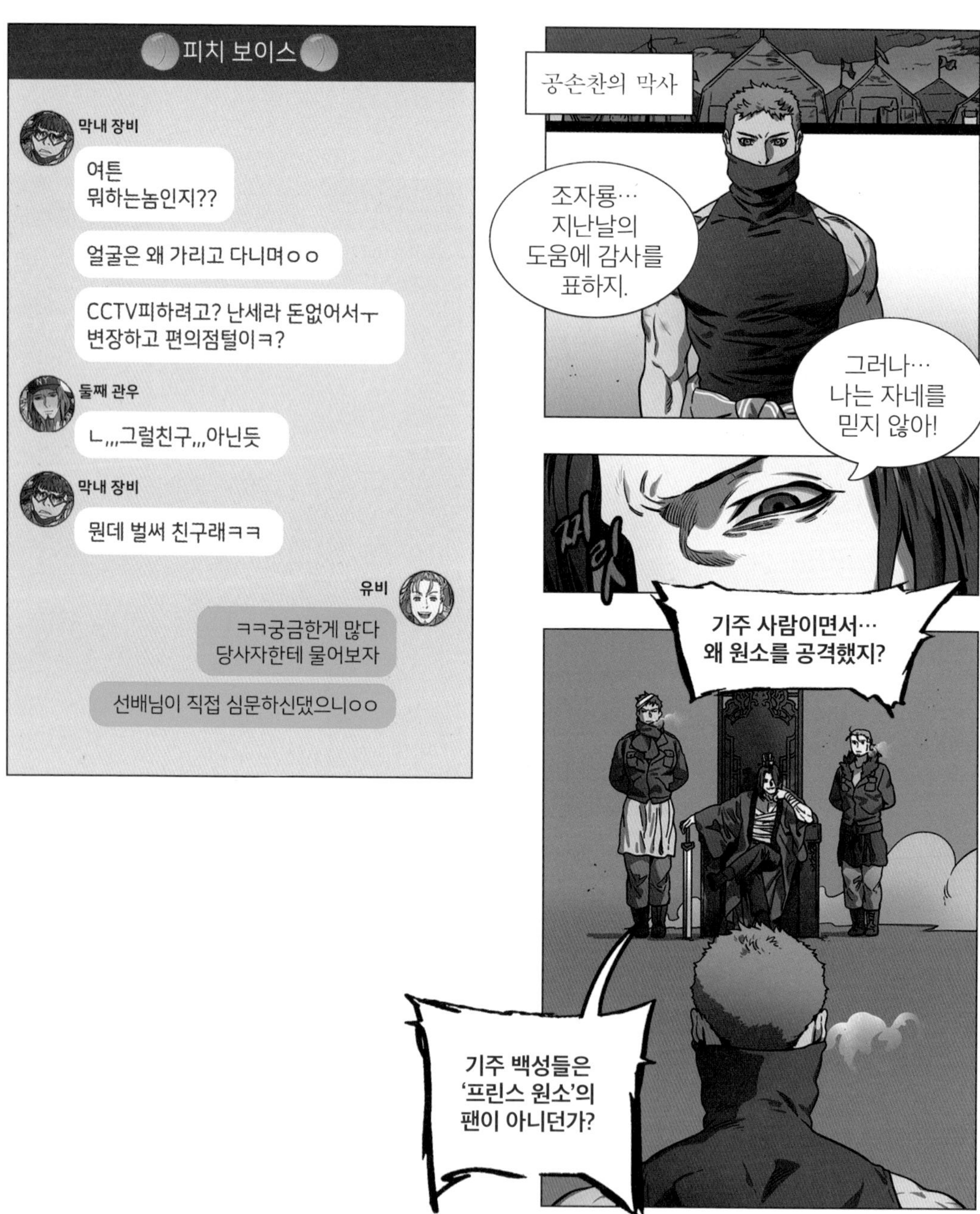
피치 보이스
막내 장비
여튼
뭐하는놈인지??
얼굴은 왜 가리고 다니며ㅇㅇ
CCTV피하려고? 난세라 돈없어서ㅜ
변장하고 편의점털이ㅋ?
둘째 관우
ㄴ,,,그럴친구,,,아닌듯
막내 장비
뭔데 벌써 친구래ㅋㅋ
유비
ㅋㅋ궁금한게 많다
당사자한테 물어보자
선배님이 직접 심문하신댔으니ㅇㅇ
공손찬의 막사
조자룡…
지난날의
도움에 감사를
표하지.
그러나…
나는 자네를
믿지 않아!
찌릿
기주 사람이면서…
왜 원소를 공격했지?
기주 백성들은
'프린스 원소'의
팬이 아니던가?

*〈연의〉 조자룡, 기주의 지배자 원소를 공격해 곤경에 처한 공손찬을 구하다.

?! 선배!
목숨 살려준 은인을
의심하시다니?
어르신.
저는…
바로 그 원소
때문에…
정든 고향
기주를
떠났습니다!
꽈악…
지금 기주는 엉망입니다.
먹을 것은 없고…
도적떼까지 들끓어서…
그래서 대인배로 소문난 원소…
그자에게 희망을 걸었지요.
그런데… 그는
영웅이 아니었습니다!
제 욕심 때문에
사람을 죽이다니…
변장한 것도…
기주에 남은 제 가족과
친구들 때문입니다.
혹시나… 해코지를 당할까봐…

*반동탁연합 중심지였던 기주, 잦은 징발 등으로 황폐해지다. 각종 반란이 일어나고, 도적떼가 출몰하다.

세상이 흉흉해서 누가
옳은 것인지 모르겠지만…
백성들은…
너무 지쳤습니다.
척!
그래서 어르신을
구했습니다!
부디 자비로운
정치를 펼치시어…
백성들을
구해주십시오!
상 산
常
그럼 이 조자룡,
장군님을 목숨 바쳐
모시겠습니다!
…하, 뜻 한번
가상하군.

난 아무나 거두지 않는다. 하지만…
일단 내 사람이 되면 끔찍하게 아끼지. 맞지? 후배님?
아~ 암요! 그럼요!
비야, 말해봐라. 저 충성스러운 자룡에게… 무슨 상을 줘야 할까?
당연히! 이따만큼 큰~상이죠!
우리 백규형 목숨을 구했는데!
벌떡!
괘… 괜찮습니다! 전 살기 좋은 세상을 바랄 뿐…
'공손찬'이라는 사람을…사사로이 따르는 게 아닙니다!
흠칫…

*〈정사〉 "어진 정치가 있는 곳을 따를 뿐, 원소를 소홀히 하며 장군(공손찬)을 사사로이 따르자는 것은 아닙니다." 「조운전」

건방진 놈!
…참으로 겸손하군.

휴…

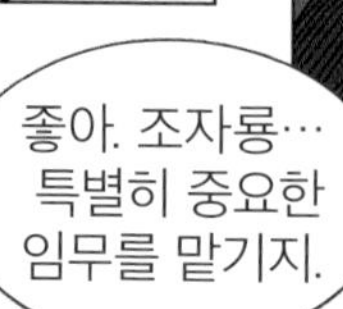
좋아. 조자룡… 특별히 중요한 임무를 맡기지.

조운! 당장 내 군사를 이끌고 백성들의 마을로 향해…

쌀과 돈, 가축을 남김없이 쓸어오라!

*〈정사〉 공손찬, 가혹한 징발(식량, 무기 등을 억지로 거둬들임) 실시하다.

참…
계교에서
많은 용사를
잃었지?

민간인도 끌고 오라.
어리든, 늙었든
상관없이 모조리!
단 한 놈이라도
저항하면… 그 마을을
통째로 불태워라!

왜?
이것이
내 자비다.

무자비한 힘으로…
세상에 질서를
세우는 것!

자룡, 네가
바라던 바 아니냐?

옳다. 원소…
그런 역적이
날뛰니… 나라가
이 모양 이 꼴이지.

휙
내 온 힘을 쥐어짜…
이번에야말로
놈을 해치워주마!

대신, 승리에
필요한 피와
희생은…
조운,
네 손으로 직접
가져오도록.

나를 목숨 바쳐
섬긴다지 않았나?
이 칼을
받아라!
어서!

二十四. 잠깐의 이별

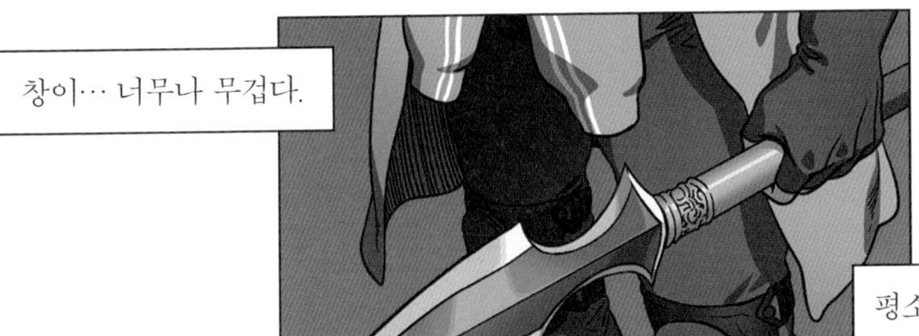
창이… 너무나 무겁다.
평소엔 연필처럼 가벼웠는데.

야!
이 못된
놈들아!
깜짝!
공손찬의 부하
조운 字 자룡

퍽!!

주륵…

일부러…
피하지 않았다.

굶주린 백성이 던진 힘없는 돌 따위…
눈감고도 쳐내겠으나…

헉… 헉…
흑…
으흑흑…
유주 백성들

여긴… 지옥인가?

이놈이!
죽고 싶나?!

따라와!
화살받이로
써주마!

아빠!

아이고…
안 됩니다!

이것까지
가져가시면…
저흰 뭐 먹고
살라고요?!

어허!
썩 꺼지지
못해?!

*〈정사〉 공손찬, 전쟁 준비를 위해 백성들 쥐어짜다. 식량을 무리하게 거두고 백성들을 병사로 징집하다.

제발
어르신!
자비를…
억!
!

퍽!

?!
칵~!
어딜 꼴사납게
징징거려?!

공
손
우리
♥공손 장군♥께
눈곱만큼이라도 보탬이
되는 걸…
여어어어엉광으로
알 것이지~!
비열한 탐관오리
공손찬의 딸랑이
관정 字 사기

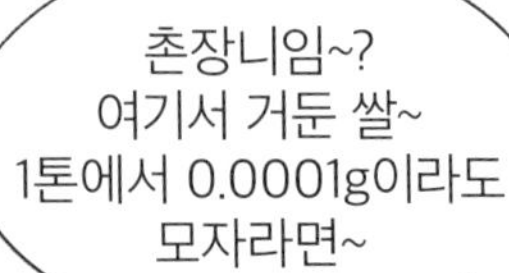
촌장니임~?
여기서 거둔 쌀~
1톤에서 0.0001g이라도
모자라면~

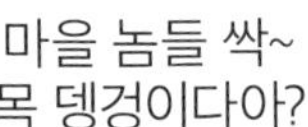
마을 놈들 싹~
목 뎅겅이다아?

삐 삐, 삐 삐…

마… 말도
안 돼! 딱 봐도
턱도 없잖아!

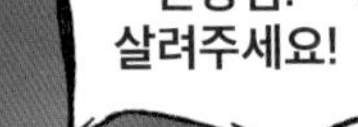
촌장님!
살려주세요!
자비를…!
척

?!
엇!
저기 공손찬
선배님이다!
안녕하세요,
선배님!
뭐?! 어,
어디?!
우리
♥공손 장군♥
어디 계신데??
아,
저기요~!
어~ 아니네~
들짐승이네~
꾸욱…
야잇,
똥멍청아아~!
어엉?!
삐비빅…
엥…
이럴 리가
없는데…
와~
와~
살았다!!

씨, 귀만 큰 게…
괘애앤히 사람
놀래키고 있어…
딱 딱
흥! 김샜다!
다들 썩
꺼져어!

! 조자룡…
다 봤구나!

미안하네.
맘껏 실망해.
난 지금은…
이런 꼼수밖에
쓰지 못하니!

공손찬 선배를…
막을 사람은
없나?!

공손찬의 영채

유주의 실력자
공손찬 字 백규
이런…
빌어먹을?!

[속보] 황제 유협, 긴급발표 (1보)

[관련기사] 황제 유협, "싸우지 마라"

장안에 잡혀있는
황제폐하 (10세),
공손찬 VS 원소
다툼에 눈물...

"싸우지 말라...
백성들만 고통"

콱
망할…
황제가 직접
나서다니?!

*장안 조정, 공손찬과 원소에게 화해할 것을 명하다.

**〈정사〉 공손찬, 군사력 키우는 데 더욱 혈안되다. 유주 백성들에게 희생을 강요하다.

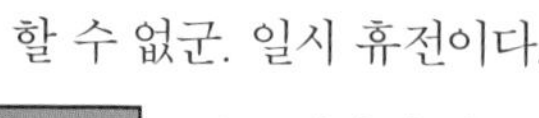

할 수 없군. 일시 휴전이다.
흥! 어차피 원소 놈을
쓸어내는 건 시간문제지…

나의 유주 백성들이여!
결전의 그날까지…
잠시도 편히 쉬지 못하리라!

?

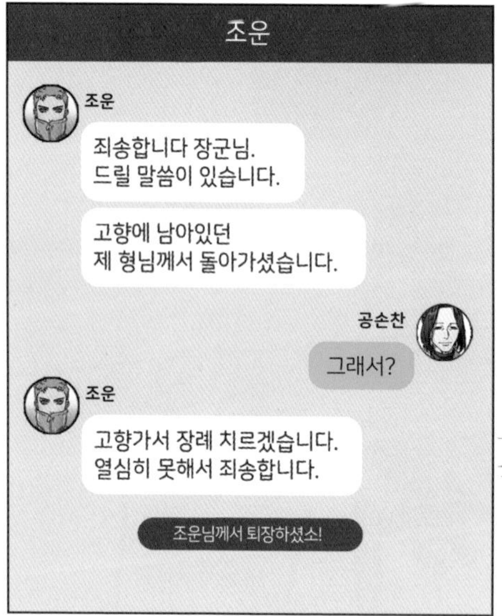

조운
조운
죄송합니다 장군님.
드릴 말씀이 있습니다.
고향에 남아있던
제 형님께서 돌아가셨습니다.
공손찬
그래서?
조운
고향가서 장례 치르겠습니다.
열심히 못해서 죄송합니다.
조운님께서 퇴장하셨소!

하, 그럼 그렇지…
오냐! 도망쳐라!

조운! 너 같은 겁쟁이는…
이 공손찬의 사람이
될 수 없다!

*〈정사〉 조자룡, 형의 죽음을 핑계로 공손찬 곁 떠나다.

**〈정사〉 어릴 적 짚신 팔던 유비, 장수가 되어서도 짐승 털 꼬아 장식 즐겨 만들다. 「제갈량전」

받아요ㅎㅎ 내가 만든 겁니다.
달랑…

전장에서 7년을 굴렀지만…
아직도 내세울 재주라곤 이것뿐이라.

조자룡… 놓치기 아깝다. 그러나, 잡을 순 없어.
공손찬 선배가 싫어 떠나는 거니… 거뒀다간 내가 선배 눈 밖에 난다!

아직은… 안 돼!

언제고…
꼭 다시
만납시다!

아이고… 다시는
마주치기
싫으시려나?
내가 워낙 찌질해서…
정 떨어졌을 테니…

덥석!

어르신은…
하나도 안
찌질하십니다!

죄송합니다. 오늘은…
떠나야 합니다.
하지만 반드시!
어르신께
돌아오겠습니다!
꼭!

*〈연의〉 조운, 눈물로 유비와 이별하다.

**〈정사〉 조자룡, 유비 손 맞잡으며 "끝내 덕德을 저버리지는 않겠습니다" 작별 인사하다. 「조운전」

야 춥다!
돌아가서 밥 먹자!
부르르
자룡이
번호 딴 건
선배님한테
비밀로 하고~

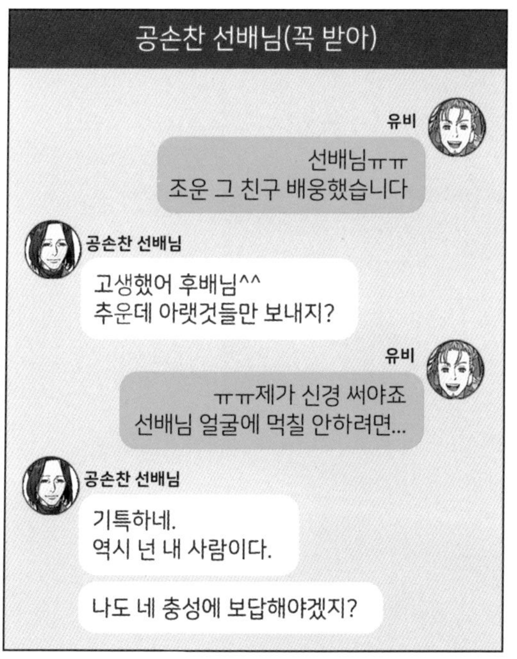

공손찬 선배님(꼭 받아)
유비
선배님ㅠㅠ
조운 그 친구 배웅했습니다
공손찬 선배님
고생했어 후배님^^
추운데 아랫것들만 보내지?
유비
ㅠㅠ제가 신경 써야죠
선배님 얼굴에 먹칠 안하려면...
공손찬 선배님
기특하네.
역시 넌 내 사람이다.
나도 네 충성에 보답해야겠지?

공손찬 선배님(꼭 받아)
공손찬 선배님
네게 평원땅과 백성들을 주마.
유비
????????????????
공손찬 선배님
상이면 높은 벼슬이다.
현령이나 현위와는 비교도 안되지.
네 뜻을 펼쳐보도록

*공손찬, 황제에게 표를 올려 유비를 평원상에 제수하다. '상'은 조조도 받은 적 있는 높은 벼슬.

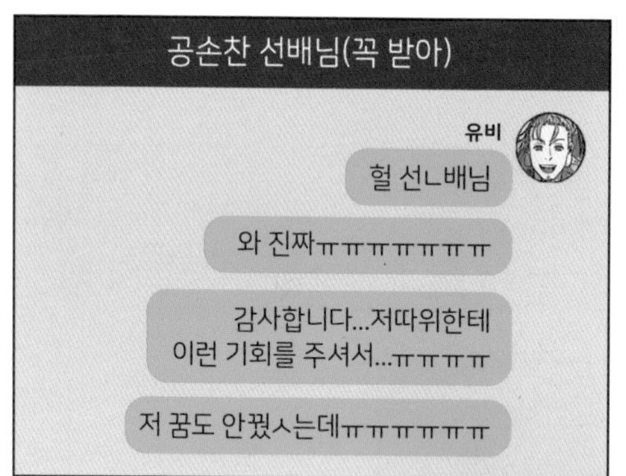
공손찬 선배님(꼭 받아)
유비
헐 선ㄴ배님
와 진짜ㅠㅠㅠㅠㅠㅠㅠ
감사합니다...저따위한테
이런 기회를 주셔서...ㅠㅠㅠㅠ
저 꿈도 안꿨ㅅ는데ㅠㅠㅠㅠㅠㅠ

전장에서 구른 지, 자그마치 7년…

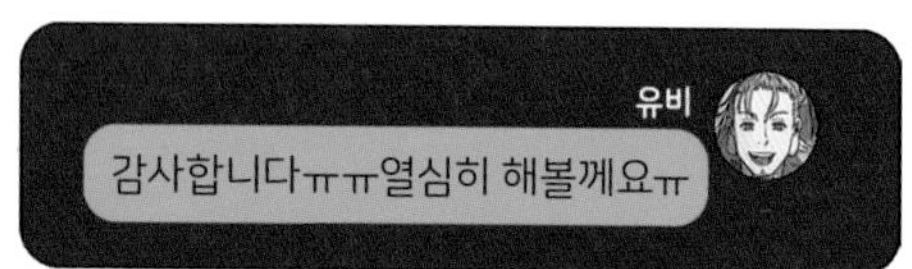
유비
감사합니다ㅠㅠ열심히 해볼께요ㅠ

드디어 기다리던…

기회가 왔어!

한편, 기주

아쉽군, 공손찬.
우리의 승부가…
미뤄지다니.
허수아비
황제이나…
듣는 시늉은
해야겠지?

물론! 마냥 손놓고 있진 않겠다.
위험요소는 모조리 제거하겠어.
톡
톡
공손찬에게 손댈 수 없다면…
내 다음 타깃은…?

사랑하는…
내 아우님을
치워야겠군.
쿵
그럼…
아우님이 키우는
'호랑이'부터
잡아볼까^^?

二十五. 손견의 최후

누가 말했던가?
영웅에게는…
적이 많다고^^
그대도
예외는 아니더군,
손견?

강동의 호랑이 손견은,
2년 전… 크나큰 실수를 했다.
형주관아

형주자사를 죽이고…
땅을 멋대로 점령한 것.
지금은… 아예 형주를
꿀꺽 삼키려 한다지^^?

그래서 화가 잔뜩 났더군.

탕!

형주의 진짜 주인께서^^

*〈정사〉 원술의 부장 손견, 형주의 남양을 원술에게 바치다. 원술, 형주를 호시탐탐 노리다.

원술… 손견!
이 도적놈들!

나의 형주에
입맛을
다시다니?!

어르신!
혈압 조심요ㅠㅠ

찐 형주자사
고귀한 황실핏줄
유표 字 경승

하! 그러나…
누가 이 유표를
돕겠나?!
힘있는 자들은
모두 제 실속만
챙기기 바쁘니…
음?!
기주목 원소
똑똑^^어르신 ?
바쁘신지?
기주목 원소
유표
?
기주목 원소
안부인사차 연락드립니다^^
요즘 고민이 많으시다고…
유표
그대의 아우께서.참 대단한
아랫것을 두셔서.말이지요
기주목 원소
Oh…끼리끼리 노는 법이라더군요^^

*〈정사〉 유표, 죽은 형주자사의 후임으로 오다. 그러나 원술, 손견의 견제 때문에 옴짝달싹 못 하다.
**원술은 원소의 배다른 동생.

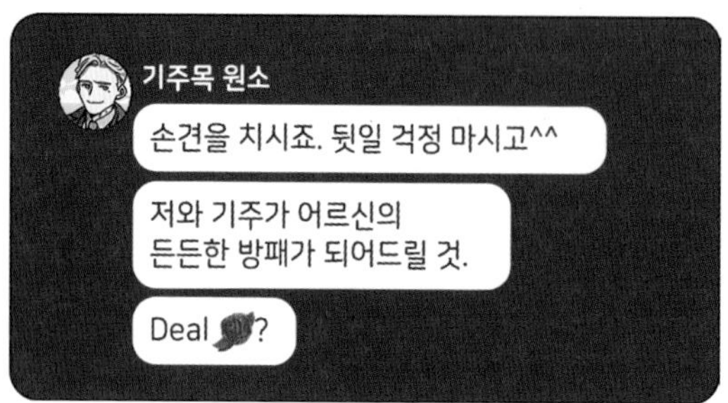

기주목 원소
손견을 치시죠. 뒷일 걱정 마시고^^
저와 기주가 어르신의
든든한 방패가 되어드릴 것.
Deal ?

씨익...

배
액

팟!

부르르…

야야야!
손대장아!
조심 쫌 해라!
엉?!

형주, 양양성
와
와
와
양양성
이 손견이 유표와 형주를
집어삼키기 직전인데!

*손견, 유표가 머무는 양양성을 포위하다.

야 따슥아! 삼키든 씹어먹든 하이바라도 써라고!
니 그러다 뒈져! 내 하나 사주랴?
아~ 됐다니깐? 필요 없어!

— 반드시 지킨다.
포기해! 이 손견의 투구는… 세상 오직 이것뿐이니!
손견
죽기전에 죽인다

유표 같은 겁쟁이… 알몸으로도 죽인다!
하이고~! 똥고집! 니를 누가 말리냐?

으음?!

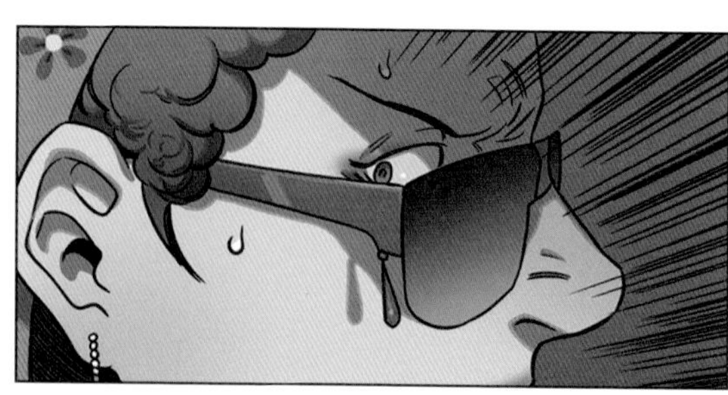

*손견, 늘 쓰던 헬멧을 반동탁연합 싸움 때 잃어버리다.

서… 성에서
누가 나왔다!
저… 저거…
적장 유표
아녀?!
기습이다!
엥? 뭐야?
왜 산으로
들어가?!
현산峴山
으하하!
겁에 질려
튀는구나!
도망쳐라!
도망쳐!
쫓아라!
휙

야! 손대장아!
어딜 가냐?!
두두두두
야! 스톱!
돌아와라!
죽고 잡냐?!
두두두두
더 들가면
안 된다!
냅둬!
늑대한테
물려죽게!
두두두
닥쳐!
나만
따라와!

유표, 도망가느냐?!
아니면 도움을 청하러?
어느 쪽이든
넌 죽은 목숨이다!
너만 잡으면 형주는 원술…
아니, 곧 나의 것이 되리라!

두두두두두두두
옳지!
따라와라,
손견!

더 깊이
따라와!
유표의 장수
황조

형주자사 유표

황조
어르신아무염려.마십시요
손견이놈.엿맥일수있습니다

형주자사 유표
?

황조
저가군사몇놈델고.성밖으로
튀어나가겠습니다.

양양남쪽에.현산있지요

저가그리로.죽어라튀어갈것

형주자사 유표

황조
산은어둡고.길도좁으니
손견도옴작달삭.못할것입니다

형주자사 유표
글쎄..그 야비한 손견이.속을지?

황조
염여마십시요ㅎㅎ무조건쫓아올것

워낙에.자신만만한넘이니..

형주자사 유표
^^

황조
모름지기.호랭이는산을타는.법이지요?

황조
오늘이 손견놈 제삿날입니다ㅎㅎ

하!
걸려들었구나,
손견!

넌 이제
끝장이다!

전군!! 지금이다!!

적장 손견을 쳐라!!!

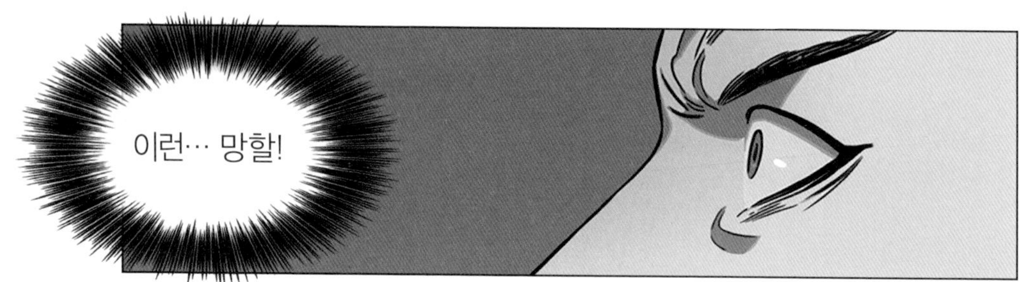
이런… 망할!

*〈정사〉〈연의〉 유표군, 산속에 잠복해 있다가 손견군을 급습하다.

짜잔~
다 됐다!

약 10년 전,
손견 집

이열~
손견~
이쁜데~?

아 국태야~
나 이런 거
필요 없다니까.

죽을래?!
하여튼 잘난
척쟁이.

ㅜㅜ

아빠 껌딱지
어린 손책(8세)

손견! 약속해!
내가 너 전장에서
몸 사리라곤 안 해!

대신
이건 꼭 쓰고
다녀. 응?

당신
지켜달라고…
다 같이 소원
빌었으니깐.

걱정 마!
국태야!
나 알잖아?!
난…
죽어도
안 죽어!

책아!
향우
우리 권이, 상향이,
내 새끼 같은 주유…

대…
대장아?!

그리고 나의…

국태야!

헉!

손견 주둔지

*손견, 매복에 당해 머리에 돌을 맞다.

二十六. 손책의 결심

왜 깼지?!
이런 일이
없었는데…

부르르..
?!

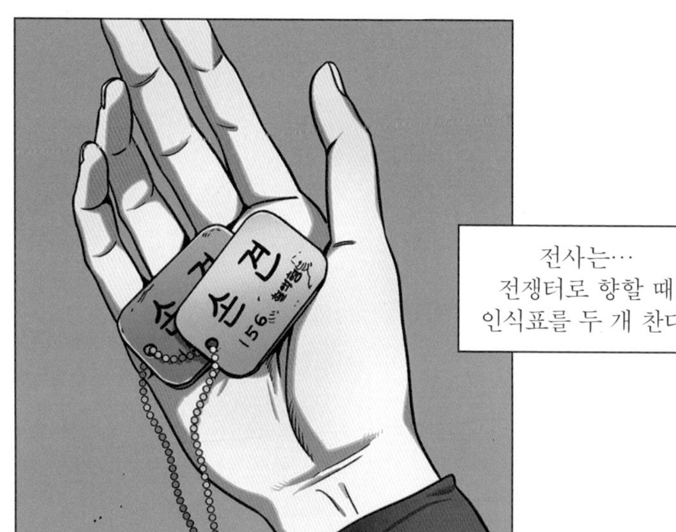

전사는…
전쟁터로 향할 때
인식표를 두 개 찬다.

싸우다 죽거든…
하나는 시신에 걸고,
잘그락..
나머지 하나는…
죽은 이의 가족에게 보내
용감한 최후를 알린다.
쿵.....

책이 아빠가… 집에 돌아왔다.
손책의 절친
주유 字 공근(17세)
손견의 아내
오국태
얀마!
책아!
그만해라!
몸 상한다!
손견의 첫째
손책 字 백부(17세)
야… 손책!
이제 아저씨
보내드려!
놔!
팍!
내가…
복수할
거야!

*손견, 37세 나이로 죽다.
**〈연의〉 유표에게 시신을 빼앗겼으나 되돌려받다.
***『삼국지톡』 원소, 손견을 조롱하기 위해 잃어버렸던 헬멧 찾아 보내다.

다 죽일 거다! 황조, 유표… 원소!
우득…
울 아버지 건든 놈들! 내가 싸그리 없앨 거라고!

짝

입 다물어! 손책… 네가 어린애야?

우리 집안 병사들! 백성들!

다들 겁먹었는데… 그딴 철없는 소리가 나와?!

움찔…

넌 이제
어른이다!
네가…
지금 저주한
이름들!
이 나라에서
제일 강한
자들이야.
그런 책임
못 질 말은
뱉지도 마!
……
유모!
애들 재워.
주유는 짐 싸.
내일 너희 집에
데려다줄게.
얼른!
어머니!
저 안 가요!
여기가
제 집인데…

그리고 황개, 정보, 한당…
자기들은 해고야.
?!
국태씨!
애들 데리고…
원술 밑으로 들어가!

산 사람은
계속 살아야지!

그간 우리가 세운 공이 있으니…

월급은 안 밀리고
따박따박 줄 테지.

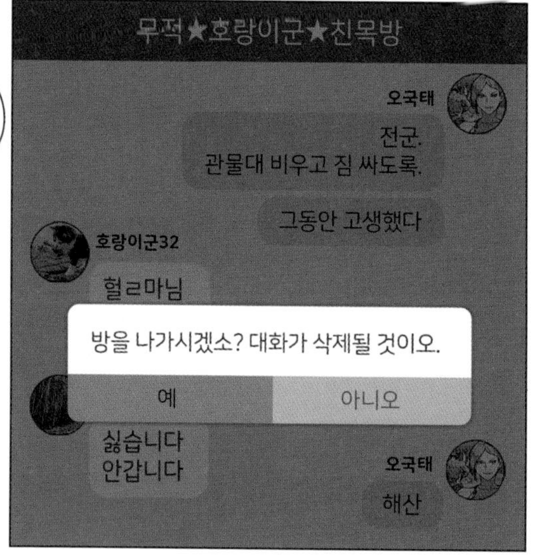
무적★호랑이군★친목방
오국태
전군.
관물대 비우고 짐 싸도록.
그동안 고생했다
호랑이군32
헐ㄹ마님
방을 나가시겠소? 대화가 삭제될 것이오.
예
아니오
싫습니다
안갑니다
오국태
해산

눈물들 닦아.
정신 차리고!

*〈정사〉 손견군. 손견이 죽자 손견의 윗사람인 원술 밑으로 흡수되다.

지금 우는 건 사치야!

철컥…

…괜찮아. 잘했어.
마음의 준비는… 진작 했잖아?

그이와 결혼하기 전부터.
언젠가… 이걸 받는 날이 올 줄 알았지.

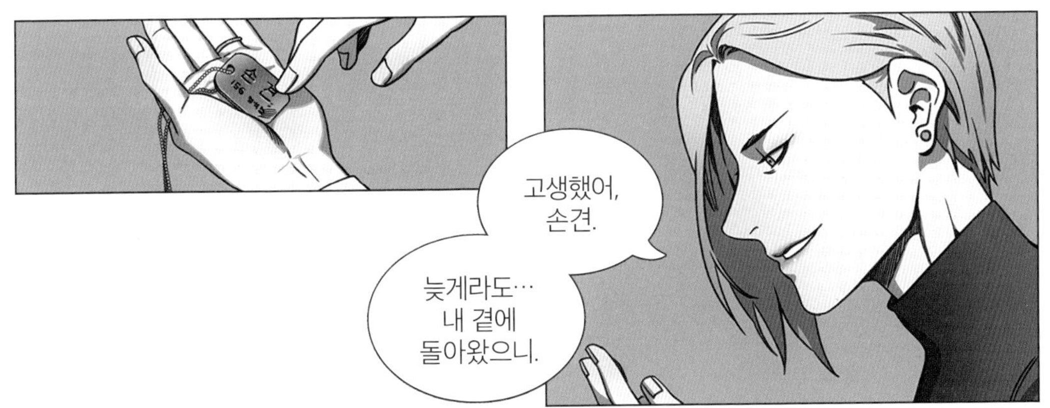

고생했어, 손견.
늦게라도… 내 곁에 돌아왔으니.

?

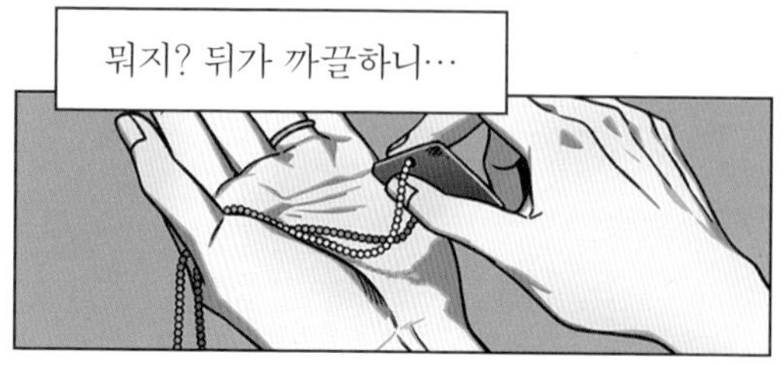
뭐지? 뒤가 까끌하니…

잘그락…
국태♡

끼기이익…

쾅!!

……
후욱…

짝…

콱!!

…야. 니 뭐하냐?
오밤중에 도둑놈처럼?
어디 가게? 손책.
…편의점 갈 건데?
핫바 사러

개소리하네.
뭔 놈의 편의점을…
돌아가신
아버지 군복
주워 입고
가는데?!

복순지 뭔지
하러 가냐?!
내려 미친놈아!
면허도 없는 게!
나 운전 ㅈㄴ
잘하거든?!
아버지한테
진작 배웠어!

그래. 필요한 건 다 배웠다!
어머니, 아버지…
천하제일 용사들에게!

손책 숙제방

어마마마
오늘치 경제신문 읽었어?

한당 삼촌
아가~ 화살1000대 다쐈냐~^^b

아빠
손책ㅋ니운전쫌.하더라??
가로수 들이받은건.엄마한텐 비밀ㅋ

손책

웕ㄱ여기 단채ㅔ방ㅋㅋ

어마마마
둘다 머리박어

난…
어린애가 아니다!

나 간다.
만날 사람 있어.
주유, 니가 울 엄마랑… 동생들 곁에 있어줘.

야… 손책!

아버지가 못 이룬…
최강자의 꿈!
내가 이루겠어!

출발지
수춘
도착지
남양
원술 주둔지

?!

대명문가 원씨 집안
故손견의 스폰서
원술 字 공로

말도
안 된다!
…손견?!
후웅…
죽은 놈이
어찌…
저승에서
살아와?!

?!
너…
너는?!

이런… 몹쓸 것!
놀랐잖느냐!
여긴 왜 왔느냐?!

한창
네 아비…
장례중일
터인데?!

인자하신
원가 어르신께…
꼭 드릴 부탁이
있습니다!

?!

제게…
우리 집안
군사들을
돌려주십시오!

돌아가신
아버지의
복수를
하겠습니다!

맙소사!
내가 꿈을
꾸나?
손책…
너는 네 아비와
닮아도 너무
닮았구나!

용감하나… 아둔해!

허튼소리
말거라!

슥…
손책.
강동군 주인은
네가 아닌 네 아비,
손견이다.
그리고 난
네 아비의
주인!

그러니 내가
강동군을 갖는 건
당연한 일
아니겠느냐?

책아! 차라리 너도 내 밑으로 들어오거라.

아비처럼… 너도 내 영광을 위해 목숨을 바쳐라!
복수는 내가… 천하를 삼킨 뒤 해줄 테니…
흠칫!

?!

*〈정사〉 손견, 오국태에게 낙양에서 주운 전국옥새 맡겨두다.

이것을…
바치겠습니다.
어르신 말씀도
잘 듣겠습니다! 뭐든
하겠습니다!

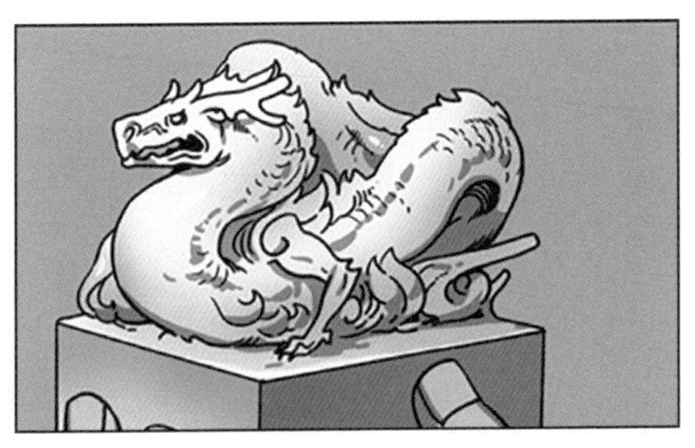

황제의 상징!
역시…
네놈들 손에
있었구나!
꿀꺽…

대신… 군사 3천만
빌려주십시오.
제 힘으로…
세상을 무릎 꿇게
만들겠습니다!

*〈연의〉 손책, 원술에게 옥새 주고 군사를 얻다.

세상은…
강자들의 것.
나는
빈털터리!

내 편은 아무도 없다.
그래도 괜찮아!
외로운 싸움을 시작하겠어!

휙

콱
!?

손책의 베프
주유 字 공근

야! 주유!
너… 꼬라지
무슨 일인데?!

왜…
네가
군복을…

교복보다
낫지 않냐?
니 이제 어른이라며?
그럼 나도 어른이지!
생일 딱 한달 늦는데.

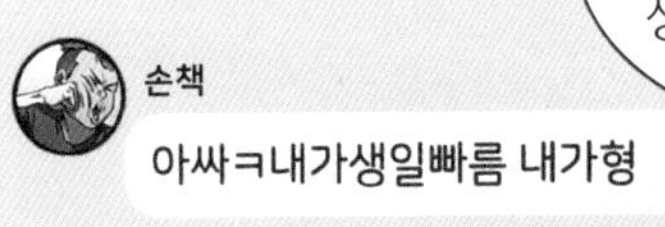
손책
아싸ㅋ내가생일빠름 내가형
주유
어그래

냉장고에서
어머니 거
슬쩍했다.

천하 먹을 거면
나도 같이 가자!
내가 네 머리가 되어주지!

…첫잔은
원샷이다?!

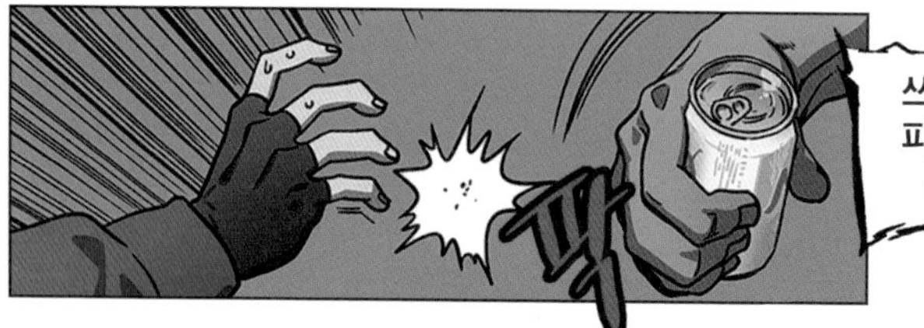
쓰읍! 머리에
피도 안 마른
것들이~!

정보
황개
한당
싸움은 어른들한테
맡겨라!
니들은 주스나
뽑아 먹어~!
숙모!
삼촌!

*손견을 모시던 황개, 정보, 한당. 대를 이어 손책을 따르다.

타이거
호랑이
쥬스
어흥!
오렌지

장관, 시장, 명문 세족… 귀빈 여러분, 와주셔서 감사합니다^^
기주, 원소의 성

오늘은… 나, 원소를 위한 자리가 아닙니다!

기주의 지배자
원소 字 본초

원소 친구
조조 字 맹덕

모두…
제가 야만스러운
공손찬을
물리친 걸
아실 터!

여기, 제 친구
조조가 저의
등을 든든히 지킨
덕분이죠^^

그래서 나의…
영원한 벗, 조조에게
상을 내리고자
합니다!

오오—
와아—
찰칵
찰칵

새로운 동군태수를
위하여, 건배!

*〈정사〉 원소가 공손찬과 싸우자, 혼란 틈타 흑산적 일어나다. 조조, 동군의 흑산적 물리치다.
**〈정사〉 원소, 표문을 올려 조조를 동군태수로 삼다.

휴게실
탕!

너럽게
피곤하네…

내 살다 살다…
친구 놈한테 벼슬을
다 받아보는군.

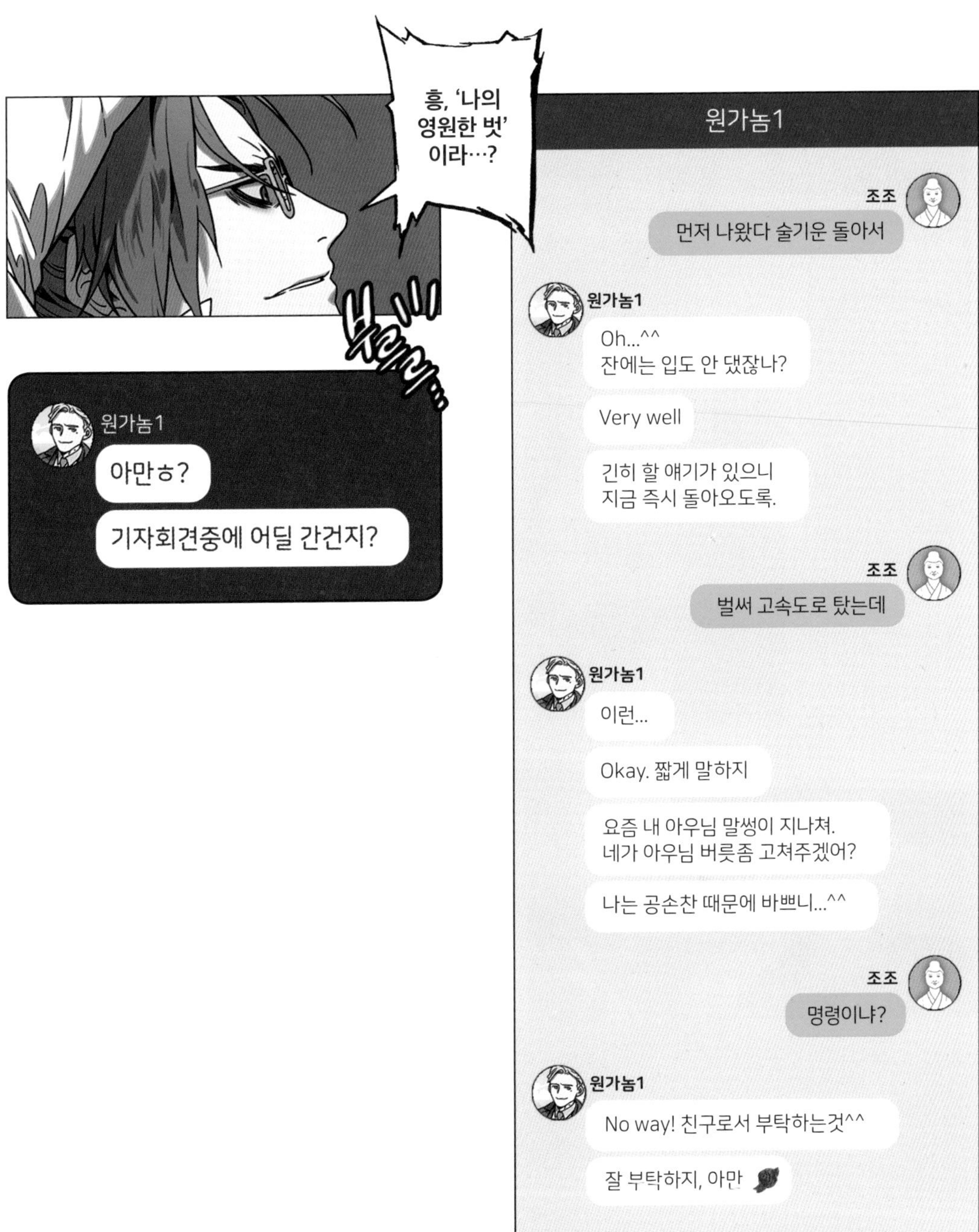
흥, '나의
영원한 벗'
이라…?
부들부들…
원가놈1
아만ㅎ?
기자회견중에 어딜 간건지?
원가놈1
조조
먼저 나왔다 술기운 돌아서
원가놈1
Oh...^^
잔에는 입도 안 댔잖나?
Very well
긴히 할 얘기가 있으니
지금 즉시 돌아오도록.
조조
벌써 고속도로 탔는데
원가놈1
이런...
Okay. 짧게 말하지
요즘 내 아우님 말썽이 지나쳐.
네가 아우님 버릇좀 고쳐주겠어?
나는 공손찬 때문에 바쁘니...^^
조조
명령이냐?
원가놈1
No way! 친구로서 부탁하는것^^
잘 부탁하지, 아만

*〈정사〉 원소, 조조를 이용해 이복동생 원술을 견제하고자 하다.

망할 놈!
원본초,
역시 너는…

내게 우정이
아닌 충성을
요구할 셈이군!

놈과… 거리를
두어야 한다! 그러나
무슨 핑계로?!

똑 똑..
저기…
실례합니다.

二十八. 순욱과의 식사

쉬시는데
들어가도
될지…?

식사 좀…
하려는데.
부스럭…
…맘대로
하시지.
내가 여기
전세냈나?
감사합니다.
거 사람, 깍듯하기는…

…고생 많으시군.
몇 신데 여태 점심도
못 드셨어?
튀김 가락국수

밥은
먹었는데…
피곤하네요.
뇌에
에너지 좀
공급해야죠.

?!
그걸 혼자 다
드시게?!

…제가 워낙
아둔한지라,
남들 두 배는
먹어야…
겨우 머리가
돌아갑니다.
원소군 책사
전략기획실 소속
순욱 字 문약

흥, 잘난 척은! 관을 보아하니 책사인데… 짱구 하나는 탑급일 터!
…좀 드실래요?
됐네요~ 배불러서…

망할! 아까 안주라도 집어먹을걸!

같이 드시죠, 조맹덕 어르신.
시장하신 것 같은데.

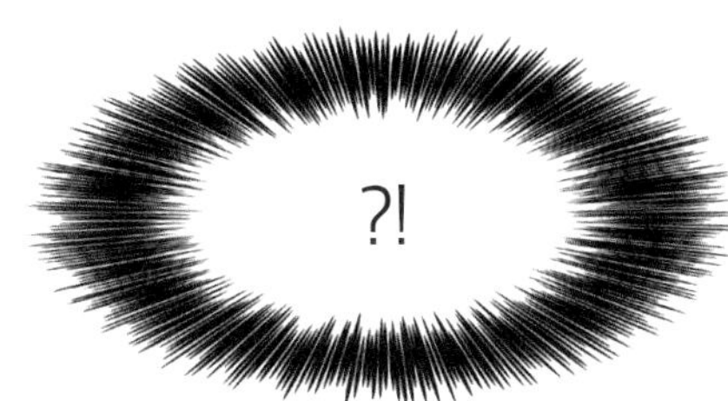
?!

나를 아시나?
그럼요. 조조 모르면 간첩이게요?

환관의
손자이면서
부패한 십상시를
치고,
동탁의 은혜를
입고도 직접
총구를 겨누고…
반동탁연합 때도
몸소 싸우다가
죽을 뻔한…

또라이지.

그 지X들을
했으나…
아무것도
바꾸지 못한!

이따 어깨에
소금이라도 쳐요.
나랑 밥 먹어서
재수 옴 붙겠군.

하늘은…
나 조조를
미워합니다.

*조조가 지은 시
"동탁을 물리치려 군을 일으켰으나, 세상에는 더 많은 동탁(군웅)이 나타났구나."

뭐가 우습나?!

죄송합니다.

뜻밖의 말씀을 하시기에.

하늘을 겁내시다니… 어르신 성함이 울겠네요.

내 이름?

"오로지 뜻에 살고 뜻에 죽는 자를 일러,

덕(德)과 지조(志操)가 있다 한다."

"권세나 이익에도 유혹당하지 않으며, 이익에 흔들리지 않으며

세상 사람들이 뜯어 말려도…"

탁.

"한번 맘먹은 건 절대 포기하지 않을 것이니"

*조조의 자字는 맹덕孟德, 이름은 조操. '덕' '지조'와 같은 한자를 쓴다.

"천하조차…"
"이자의 뜻을 꺾지 못하리라."

놀랍군. 순자를 좋아하나?

…몇 번 읽어는 봤습니다.

허, 별나네.

도서검색

순자의 정석

순자 저

★☆☆☆☆ 리뷰[163,212건]

공자 맹자 순자 개노잼ㅜ

……

기특해? 곰팡내 나는 말씀을 다 외우고?

^^;

곰팡내 나는 『순자』에 따르면…
하늘은 감히 사람을 휘두르지 못합니다.

어르신께서 실패만 하신 건, 하늘이 조조를 버려서가 아니라…

*순자荀子 1장 권학勸學편 덕조德操. 조조 이름을 이 구절에서 따왔다고.

**순욱은 사상가 순자의 후손.

***순자 : 하늘은 그저 사람이 이용하고, 제어하는 대상이다.

…아직 때가
무르익지
않아서겠죠.

뭔데?
드시고 큰일
하시라고요.

그래. 세상을
바꿀 수 있는 건…
하늘이 아닌 사람뿐.

그러나 내 주인, 원소는 천하를 탐낼 뿐…
바꾸는 덴 관심이 없어.

하지만 조조,
당신은 다릅니다!

빨리 원소에게서 독립하십시오.
근거지를 얻으시고, 사람들을 모으세요.
세금을 줄이고 백성들을 돌보십시오.
여… 여봐!
그때 절 불러주신다면…
굶으면서 야근하겠습니다!
저… 미친놈!
원본초 책사가 저런 소리 막 해도 돼?!
부르르…
식겁했다. 내 속을 꿰뚫다니…
저거, 뭐하는 놈이야?!

책사 진선생
진궁
조맹덕씨
아직 파티장에서 술먹나?
조조
아니. 중간에 나왔습니다
진궁
점심은
조조
편의점 도시락
어린 친구 밥 뺏어먹음
진궁
??
뉴스봤다
조맹덕씨 벼슬받았데?
프린스가 심부름 안 시켜ㅋ?
조조
날더러 원술 견제하라던데.
진궁
캬~역시ㅋㅋ
그냥 떡 줄 양반이 아니쥐~~

망할…
원소, 그자는
천하를 집어삼킬
준비중이다.
조조의 책사
진궁 字 공대
이러다간 태평성대를 이루긴커녕…
나나 조조나,
놈의 장기말이 되고 말아!

*순욱은 조조보다 8살 어리다.

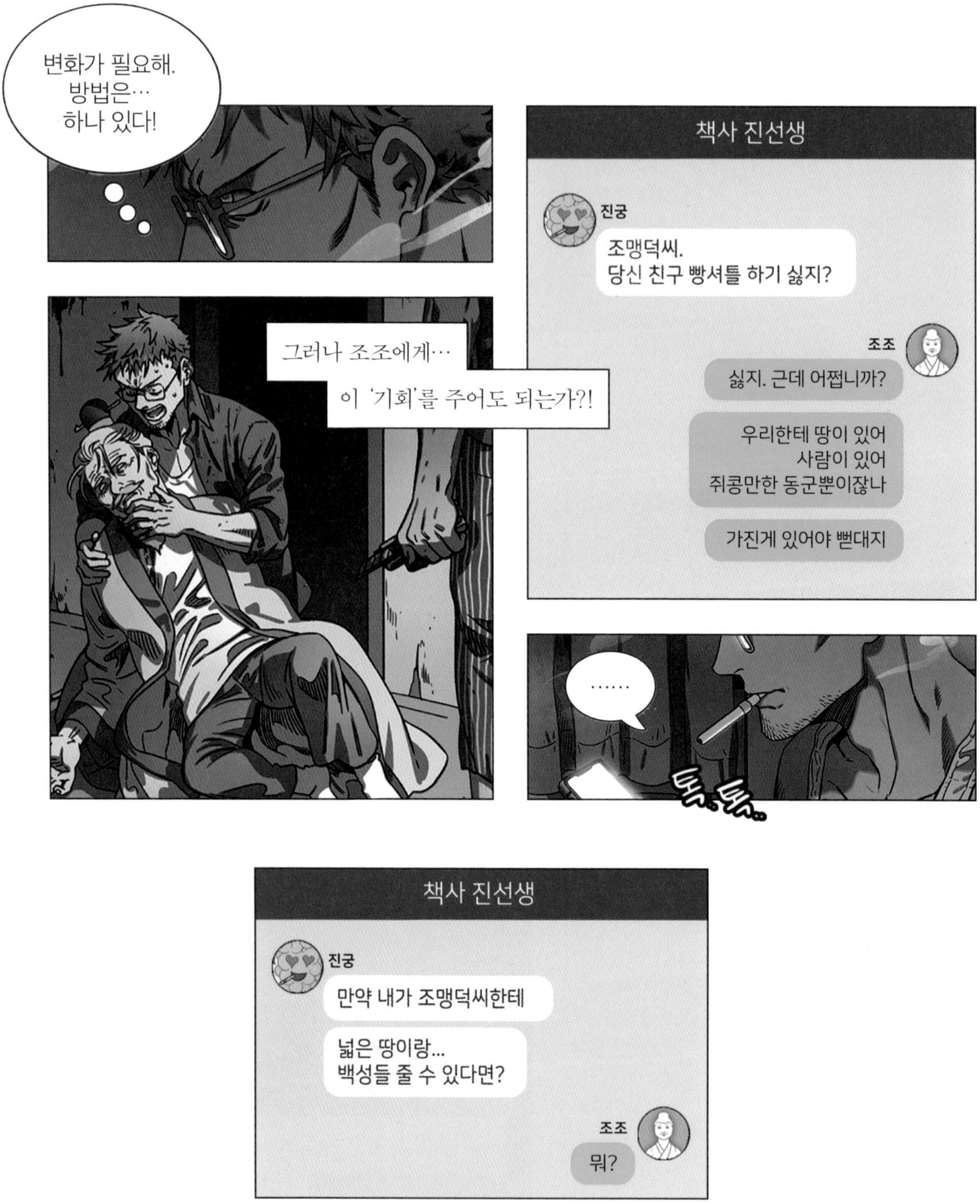

변화가 필요해.
방법은…
하나 있다!

책사 진선생

진궁
조맹덕씨.
당신 친구 빵셔틀 하기 싫지?

조조
싫지. 근데 어쩝니까?
우리한테 땅이 있어
사람이 있어
쥐콩만한 동군뿐이잖나
가진게 있어야 뻗대지

그러나 조조에게…
이 '기회'를 주어도 되는가?!

……

톡..톡..

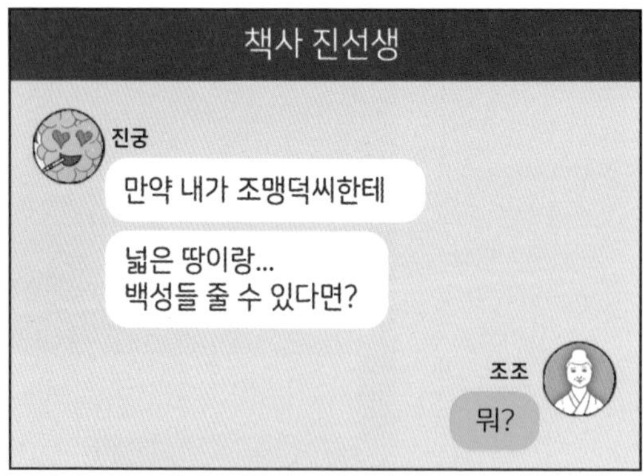
책사 진선생
진궁
만약 내가 조맹덕씨한테
넓은 땅이랑...
백성들 줄 수 있다면?
조조
뭐?

*〈연의〉 조조, 의심 때문에 죄 없는 여백사 죽이다.

모든 결과는…
나, 진궁이 책임지마!
조맹덕씨.
1인자 한번
해볼래?!

二十九. 연주를 구원하라

스윽…

찰칵!
헐,
저거 봐.
헐?!

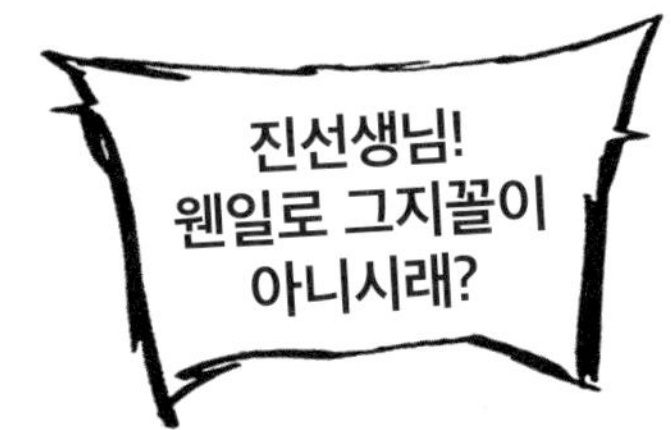
진선생님!
웬일로 그지꼴이
아니시래?

시꺼~!
당연히 신경 좀
써야지?!
도착지 연주
유주
병주
기주
청주
연주
사주
서주

진궁아! 어서 오너라!
-연주 동군 노인회-
진궁~ 너 출세했다?
-무양국민학교 98기 동창회-
환 연주의 자랑 진궁 영
연주
모처럼…
내 고향 가는 날인데!

예 어머니~
나 이제
톨게이트!
금방
도착해요~
엉? 오늘?
쉬러 왔죠
뭐~ㅎㅎ
예~
저 금방
가요~
예~ 예~

……
……
…어,
조맹덕 씨?
나 도착.
그쪽은?
잘돼가나?
그래. 사실 오늘
놀러온 거 아니다.

오늘, 조조를…
이 연주땅의 지배자로
만들 것이다!

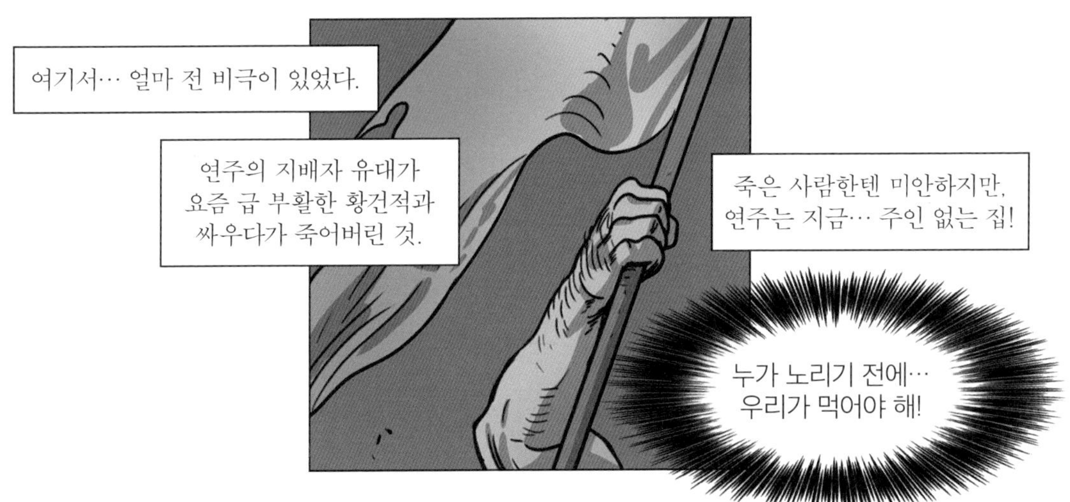
여기서… 얼마 전 비극이 있었다.
연주의 지배자 유대가 요즘 급 부활한 황건적과 싸우다가 죽어버린 것.
죽은 사람한텐 미안하지만, 연주는 지금… 주인 없는 집!
누가 노리기 전에… 우리가 먹어야 해!

덜컹
덜컹
조맹덕 씨 잘해?!
조조
나도 애쓸 테니까.
오늘 우리 둘 중… 하나라도 실패하면 망하는 거야!

연주 관청
진궁 발표장
내 세 치 혀로… 연주 사람들을 설득하겠다!

*〈정사〉 진궁, 연주에서 이름난 정치인과 귀족(호족)들에게 직접 조조를 영업하다.

…여러분! 우리 고장 연주가 위험에 처했습니다.
조조를 연주로!
~연주듀스192~
당신의 연주목을 뽑아주시오
발표자 : 진궁
아름다운 강산에는 황건적이 날뛰고, 백성들은 떨고 있습니다.
그런데… 우리를 이끌 리더가 없다니 말이 됩니까?!

웅성…
웅성…

제 주인, 조조를 한번 써보십시오.
연주를 지킬 훌륭한 방패가 될 겁니다!

자기! 뭐야?!
지금 장난해?!
왜 하필 걔야?!
더 대단한
영웅들 있잖어!
나~참!
어이없어서! 마!
공손찬 어때?
원소나??
캬~ 좋지!
프린스 원소!

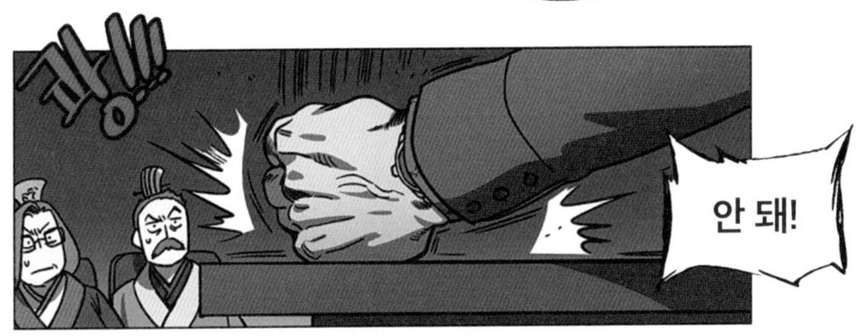
쾅!!!
안 돼!

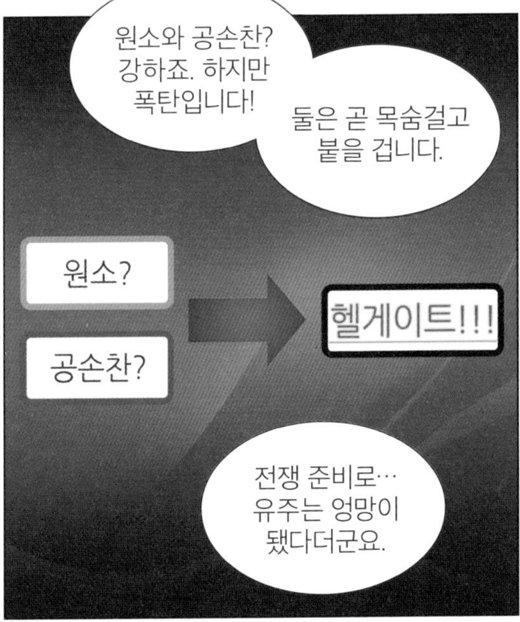
원소와 공손찬?
강하죠. 하지만
폭탄입니다!
둘은 곧 목숨걸고
붙을 겁니다.
원소?
공손찬?
헬게이트!!!
전쟁 준비로…
유주는 엉망이
됐다더군요.

근데 그런 자들을
끌어들이자?!

연주를
전쟁터로 만들고
싶습니까?!
오싹…

다른 영웅요?
마찬가지입니다!
쾅!!
듣보잡
원소
공손찬
유비
원술
손견
조조
원술은 탐욕스럽고,
손견은 죽었습니다.

그러니…
우린 조조에게
걸어보자
이 말입니다!

옳소!
연주 진류태수
조조와 원소의 오랜 친구
의리맨 장막 字 맹탁

와 여러분!
나 진짜
서운하네?!
조조
그 친구가…
얼마나
착한데들
그러셔?!

으리으리! 울 맹덕아우님
얼마 전
맹덕아우
형님
당분간 몸조심 좀 하셔야겠네.
장막
아우님 뭔 소리?.?
맹덕아우
원본초가 형님 가만 안 둘 성 싶다.
나한테 장막 좀 죽여달라더군
장막
???
맹덕아우
그놈 요즘 정상 아니잖나
진류태수 장막,
프린스 원소에게 쓴소리
"너 요즘 막나가...
권력이 그리 좋더냐"
걱정은 마시고. 내가 적당히 구슬릴테니
알아서 몸 사리셔.
장막
고맙네ㅔㅜ.ㅜ참으로 고마워

최강 실세…
원소 대신
나와의 의리를
택하다니!
탕
탕!
이 장막 믿고!
조조 한번
밀어줍시다!
어흠, 그래?
장태수가
보증한다면야…
흠흠
자네라면
믿을 만하지…
조조…
한번 써봐?

*〈정사〉 장막, 원소에게 쓴소리하다. 분노한 원소, 조조에게 장막을 숙청하라 명하나 조조, "친구끼리 그러지 말라"며 거듭 거절하다.

칵! 말도 안 되는 소릴!
진궁! 보기 흉하네! 사기 고만 쳐!
존경받는 어르신 연주 욕쟁이아저씨 변양 字 문례
백만이야 백만! 밖에 있는 황건적이!
옥황상제가 와도 쩔쩔맬 판에…
[속보] 부활한 황건적 "연주, 청주에서 100만 돌파"
어찌 조조 같은 천한 자를 끌어들여?!
자네 돈 먹었어?! 그 내시 놈한테?
뭐라고?!

*〈정사〉 연주의 이름난 위인 변양, 조조를 헐뜯는 말 하다.
**조조의 할아버지는 환관.

썩 꺼지게! 자~ 다들 갑시다!
어흠… 어르신 말씀이라면야…
쯧쯧.
우르르…
어… 난 더 들을 건데?
어구야! 아이고고고! 콱! 언놈이냐?!
어디 버릇없게 문짝을 벌컥 벌커…
벌컥
퍽!!!
커헉?!
흠칫!!
어… 어… 어어억?! 자… 자네는?!
진궁의 고용주 동군태수 조조 字 맹덕

거참…
늦어서
송구합니다.

우리 진궁선생이…
연주 어르신들 처음
뵙는 자리니
비싼 선물
들고 오라기에.

조…
조조!
짝 짝 짝

어찌…
맘에들
드시나?
이 '천한' 내시놈
선물이?

조조!
짝 짝 짝
짝 짝 짝
짝
짝
조조!
조조!

*〈정사〉 조조, 연주를 괴롭히던 황건적 물리치다. 황건적떼, 놀라서 멀리 물러나다.

와아아
조조!
조조!
와아아

짜식!

조조군!
잔 들어!

조조 어르신
연주자사 취임
연주자사
조조 어르신을!
위하여!

三十. 순욱 한번 믿어봐

조조군 합동 축하파티
어우야~ 실화니?
조조 친척 조인
조조 친척 금수저 조홍
조조 친척 하후연
조조 친척 하후돈
뭐니 이 궁상파티? 장난하니?! 응??
시끄러! 걍 먹어~
네가 여기 사람이면 좋겠냐?
'조조'란 낯선 놈이 자기들 대장 자릴 꿰찼는데?
몸 사려. 아직 연주엔… 적이 많다!

*〈정사〉 조조, 연주를 습격한 황건적 물리치다. 그 공으로 연주를 지배하는 연주자사 자리에 오르다.

뭐야~
양 별로 안 많네?
그치?
조조의 책사
진궁 字 공대

탁!!
오늘 중에
그거 다 체크하셔,
조맹덕 씨ㅋ
연주자사 조조

진선생…
장난하나?
연주자사 조조
어엉?!
열일하셔야지!
연주 민심
얻으려면!
띵까띵까
놀라고 연주자사
되셨구만?!
옷 벗어!
당신 해고야!
탁!!
군사·전시
시꺼! 누가
귀찮대?!

군사 일은…
나나 진선생이
한다 칩시다!
현장 경험 있으니
농사
근데 농사, 상업,
토목, 세금, 법…
둘이서 이걸
어찌 다 보나?!
연주의 지배자
조조 字 맹덕
…그건
그렇지?
하지만…
믿고 맡길 놈이
없어.
내치가 전쟁보다 중요하다.
백성들 삶이 달렸으니.
연주 관리들?
아직 누가 친구고
적인지 모른다.
낭패군… 어디
똑부러지는 애 없나?!
기주
문고
책

*내치內治 : 나라 안을 다스림.

저… 송구합니다.
제 책상 어딘지요?
원소의 책사
순욱 字 문약
기주 문고
책
자넨…
먹보?!
명문가 순씨
가문… 순욱?!
아이고! 주쇼!
여긴…
어쩐 일로
오셨어?!
일자리
구하러요.
원소 대신…
조맹덕 어르신
따르려고…
엉? 뭐하러!
프린스가
월급 더
주잖어?
조맹덕씨!
당신, 이 도련님
협박했구나?!
진선생…
당신 내편
맞아!?
제가 먼저
어르신께
들이댔습니다.

언젠가…
큰일 하실 분이라
믿고요.
야~ 얘도 보통
또라이는 아니네~?!
와하하하

여튼 잘 왔습니다!
천군만마를
얻은 것 같군!
잘 부탁드리지.

순선생이 내
장자방입니다!

…백성들을 위해…
이 한몸 바치겠습니다.

*〈정사〉 순욱, 조조에게 오다. 기반이 약했던 조조, 명문가 순씨 가문의 힘 입다.
**〈정사〉 조조, 순욱이 찾아오자 "나의 장자방(장량)이로다!" 하고 기뻐하다. 장량은 한나라 1대 고황제(유방)의 참모로, 평민인 유방이 중국을 통일하도록 도운 전설적인 책사.

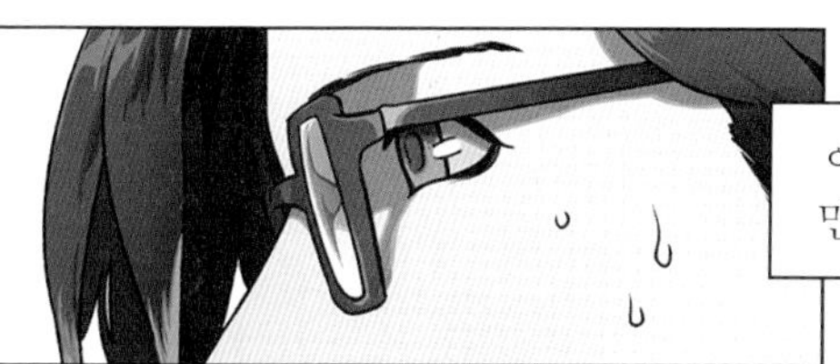
전… 장자방과 달리
능력이 부족해
어르신을 황제로
만들 순 없으나…

진선생님.
책사는? 저희
둘뿐입니까?

어. 왜?
급 후회돼?

퉤퉤 사표
무지개반사~
주 520시간
근무 당첨~

큰일을 하려면…
일꾼이 많아야죠.

엉?

…제가
존경하는
선생님이
계신데

문자 한번…
드려볼까요?

연주 동군
동아현

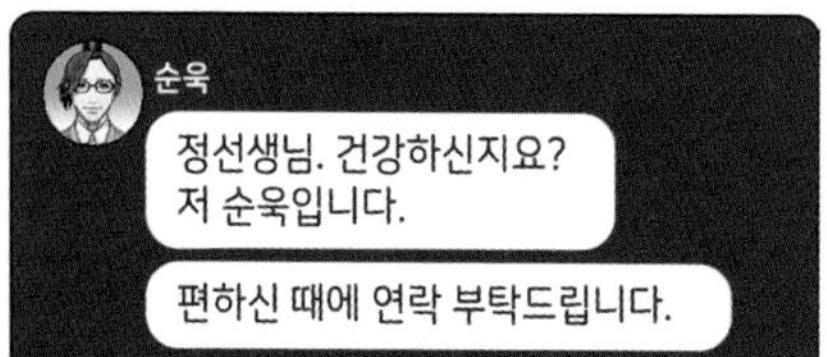
순욱
정선생님. 건강하신지요?
저 순욱입니다.
편하신 때에 연락 부탁드립니다.

순욱
무농약/쌀팝니다/산지직송
정선생이 누군지.번호 바꼈읍니다
쌀 킬로당 100만원
잡곡 킬로당 1000만원
순욱
아...
무농약/쌀팝니다/산지직송
비싸면.차단하시요
순욱
아닙니다. 주문하지요
천하를 굽어살필 지략은
킬로당 얼마에 파시렵니까?
무농약/쌀팝니다/산지직송
이런 몹쓸 친구...속지두 않어
순욱
^^;
무농약/쌀팝니다/산지직송
이 사람아 나 꼬드기지 말어
생각 전혀 없네
책사 뭣하러 하나
영웅님네들 땅따먹기 거들라고??
그래 이번엔 어떤 바보셔?
날 낚아오라구 시킨것이?
유대 그 어르신은 가셨고,,
원소? 원술? 깍쟁이 유표??

순욱
연주자사 조조 어르신입니다.

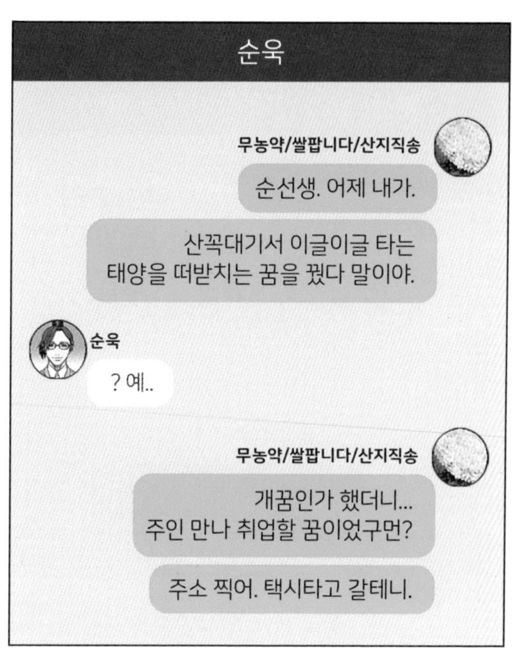
순욱
무농약/쌀팝니다/산지직송
순선생. 어제 내가.
산꼭대기서 이글이글 타는 태양을 떠받치는 꿈을 꿨다 말이야.
순욱
? 예..
무농약/쌀팝니다/산지직송
개꿈인가 했더니... 주인 만나 취업할 꿈이었구먼?
주소 찍어. 택시타고 갈테니.

십상시를 치고…
동탁놈 목줄기를 노린

왕따 연주자사
…조조?!

아뇨, 정선생님. 제가 지금 모시러 가겠습니다!

조조의 책사
군사, 정치, 외교 전문가
정욱 字 중덕

순욱의 인재 장바구니
정욱선생님
한데 어르신. 차에 자리 남는가요?
사람 하나 더 태워도 되는지?
조조
?
정욱선생님
제가 아끼는 이가 있는데...
꼭 만나보셔야 합니다~

연주, 신호등 앞
아 어르신! 걍
가시라니까요?!

신호등
망가졌다고요!
건너세요 좀!
싫네.

아 왜?!

초록불이…
아니잖나!
법대로 한다
부패저격수
만총 字 백녕

*〈정사〉 만총, 조조의 부름에 응하다. 엄격한 원칙주의자, 조조 팀의 기강을 잡다.「만총전」

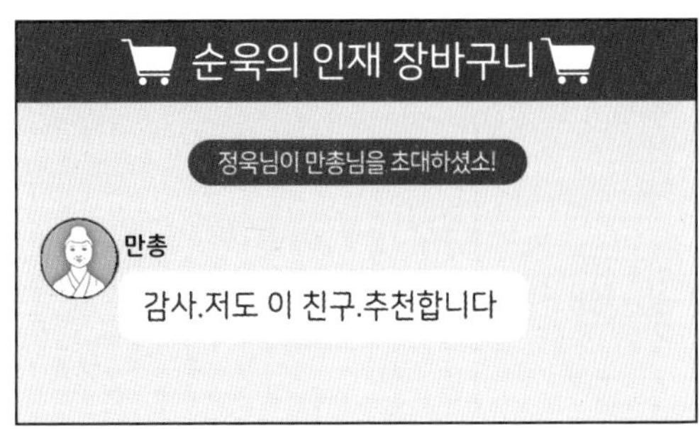
순욱의 인재 장바구니
정욱님이 만총님을 초대하셨소!
만총
감사.저도 이 친구.추천합니다

人数多口来門
yeogun**
여건字자각
개X기들 이거 어머니가 사주신 옷인데

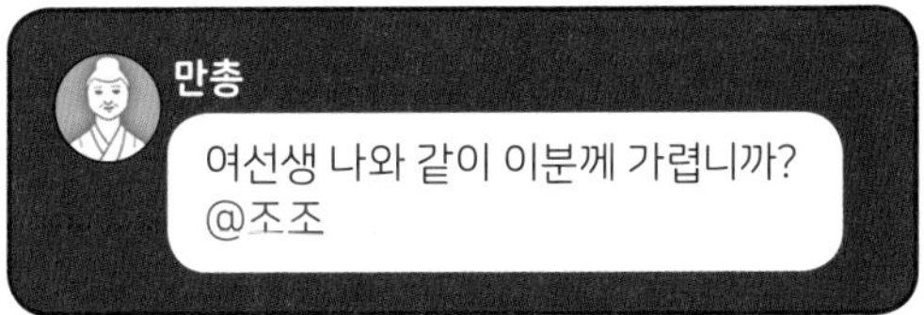
만총
여선생 나와 같이 이분께 가렵니까?
@조조

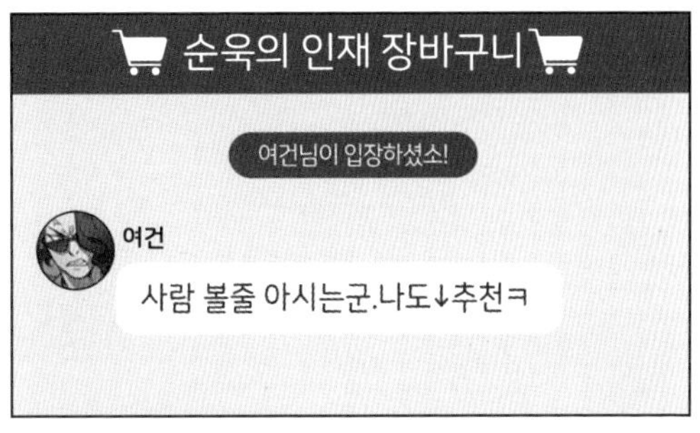
순욱의 인재 장바구니
여건님이 입장하셨소!
여건
사람 볼줄 아시는군.나도↓추천ㅋ

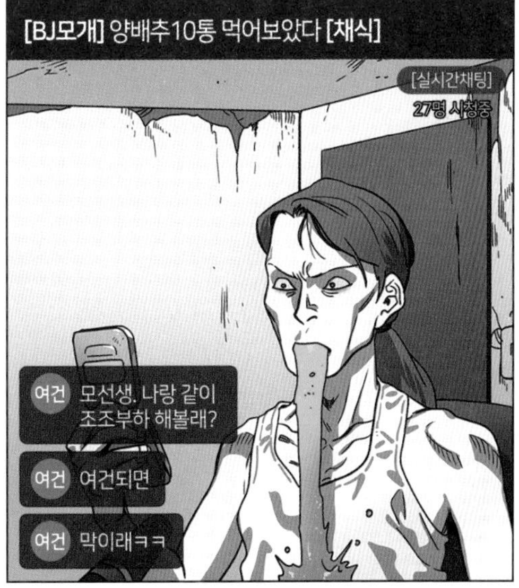
[BJ모개] 양배추10통 먹어보았다 [채식]
[실시간채팅]
27명 시청중
여건 모선생. 나랑 같이 조조부하 해볼래?
여건 여건되면
여건 막이래ㅋㅋ

*〈정사〉 문무재능 뛰어난 여건, 백성들을 괴롭히던 도적단 두목들을 모두 술자리에 초대해 한번에 죽여버리다. 여건, 자기를 미워하는 새어머니 극진히 모시다.「여건전」

**〈정사〉 서민정책 전문가 모개, 항상 싼 베옷만 입고 채소만 먹다. 가난한 백성들을 돕다.「모개전」

연주 전략기획실 친목방
순욱님이 정욱님을 초대했소!
정욱님이 만총, 여건님을 초대했소!
만총, 여건님이 모개님을 초대했소!
하후돈
바글바글하네ㅋㅋㅋ잘 부탁드립니다
연주 천재들 여기 다 계시네
여건 선생님
다는 아닌데ㅎㅎㅋ
조조
?
정욱 선생님
글게? 순선생.
왜 걔는 여기 없어?
온갖 연주 똑쟁이들 다 부르고는?
모개 선생님
그러게요.........머리는...........
솔직히..............그 친구가........
연주........넘버원.............아닌지?
조조
누구 말씀이십니까?
그래. 그 친구는… 아니, 그 아이는
천재다.

곽-갓
ㅋㅋ
그러나…
무수한 삶과
죽음을
책임지기에
22살은
너무 어려!
연주 전략기획실 친목
순욱 선생님
제가 아끼는 동생입니다.
차차... 소개해드리지요
조조
? 오케이.
만나서들 반갑습니다.
마음이 든든하군
진궁 선생
ㅎㅎ
순욱 선생님
조조
우리 한번 세상을 놀래켜봅시다

*곽가는 순욱보다 7살 연하.

조조
그전에... 문자 한통 해야겠군?

?!

기주
아만이…
연주를 취했다…
나의 벗
아만이…
톡
톡
연주를
취했다!
연주는… 이곳 기주와
딱 붙어 있는 땅!
충분히 나의 것으로
만들 수 있었다.

하지만 아만…
너는 나와 뜻을 함께한 벗!

그러니 축하해야 마땅한데…
왜 이토록 불쾌한지?!
마치 기다렸다는 듯
연주를 차지하다니…
아만… 아니 조조!
설마 내게 도전할
마음이 있나?!
부르르…
조조../연주자사
야. 너 바쁘냐?
?!

조조../연주자사
원소
이런... 아만^^
바쁘긴 하나... 벗이 부르면 답해야지?
연주를 손에 넣었다지?
축하하네^^
연주는 큰 땅이니...
나와 어깨를 견주게 되었군?
조조../연주자사
ㅋㅋ그럴리가..
내가 어찌 감히?
사실 너한테... 부탁이 있는데.
내가... 연주를 지배하도록
허락해주지 않겠나?

!

……

*〈연의〉 조조, 원소를 따라 십상시를 치다.
**〈정사〉 조조, 원소와 함께 반동탁연합에 가담하다.

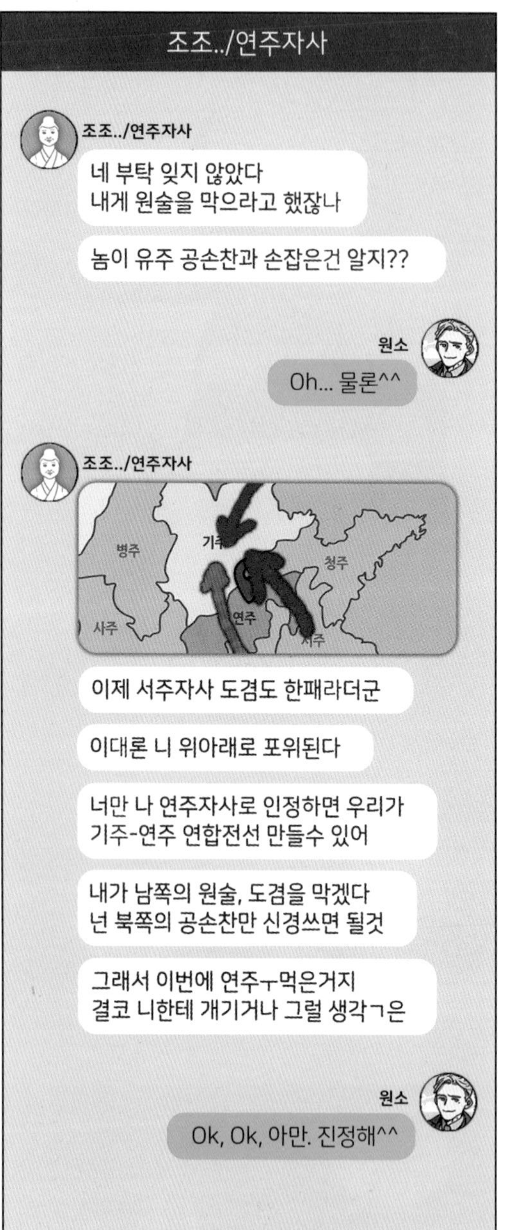
조조../연주자사
조조../연주자사
네 부탁 잊지 않았다
내게 원술을 막으라고 했잖나
놈이 유주 공손찬과 손잡은건 알지??
원소
Oh... 물론^^
조조../연주자사
병주
기주
청주
사주
연주
서주
이제 서주자사 도겸도 한패라더군
이대론 니 위아래로 포위된다
너만 나 연주자사로 인정하면 우리가
기주-연주 연합전선 만들수 있어
내가 남쪽의 원술, 도겸을 막겠다
넌 북쪽의 공손찬만 신경쓰면 될것
그래서 이번에 연주ㄱ먹은거지
결코 니한테 개기거나 그럴 생각ㄱ은
원소
Ok, Ok, 아만. 진정해^^

원소
네 뜻 충분히 알았어
나를 그토록
생각하다니...
역시... 넌 나의
영원한 벗이로군^^
당장 임명장을
네게 보내지.
조조../연주자사
정말 고맙다
Ok, 아만.
내게 납작
숙이겠다?

조조../연주자사
황제한테는? 허락
안 받아도 되나?
원가놈1
Oh... 아만^^
동탁의 허수아비가
무슨 힘이 있는지?
맘 놓도록^^
그래!
그러니…
내 연주에
신경 꺼라!

*〈정사〉 원술, 공손찬과 도겸과 연합해 원소에 맞서다.
**원소, 조조를 연주자사로 임명하다.

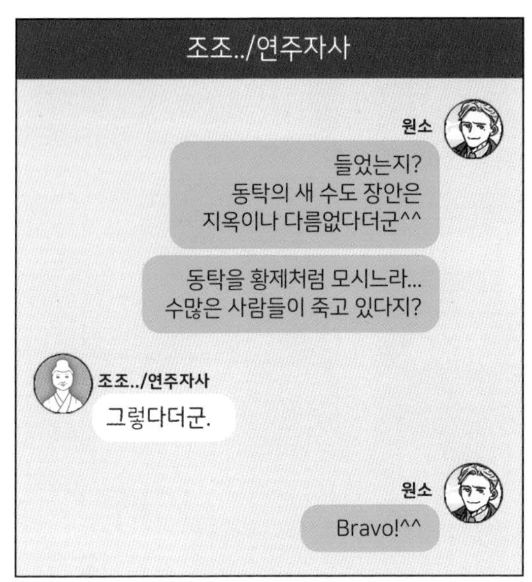
조조../연주자사
원소
들었는지?
동탁의 새 수도 장안은
지옥이나 다름없다더군^^
동탁을 황제처럼 모시느라...
수많은 사람들이 죽고 있다지?
조조../연주자사
그렇다더군.
원소
Bravo!^^

편히 구경해, 친구.
동탁과… 황제의 몰락!
나, 원소를 거부한…
거짓된 자들의 가짜도시 장안은
장안
처절하게 무너지리라!

*동탁, 어린 황제를 납치해 자신의 고향 양주와 가까운 장안으로 수도 옮기다. 큰 공사가 줄 잇고, 동탁에게 옳은 말 하던 사람들 죽임당하다.

탕
탕
깡
으악!
뭐야?!

장안 시내,
군사훈련장
척

야, 띨띨한
군바리들~!
전원 동작
그만~
나 누군지
알지?!
심부름 좀
해라~!
동탁의 아들
동민 字 숙영

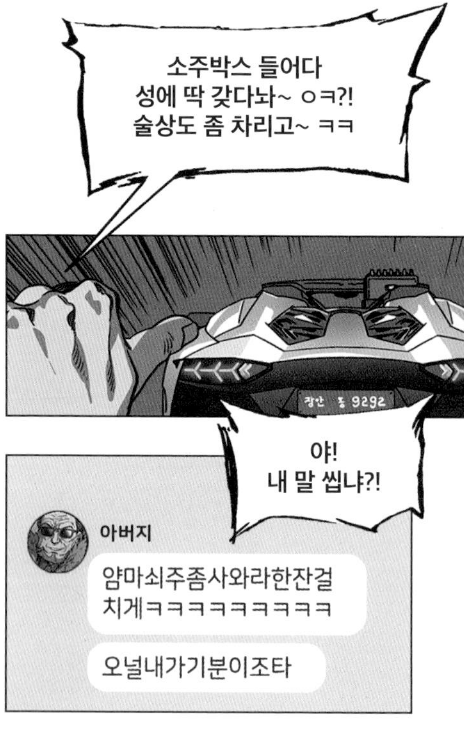
소주박스 들어다
성에 딱 갖다놔~ ㅇㅋ?!
술상도 좀 차리고~ ㅋㅋ
장안 동 9292
야!
내 말 씹냐?!
아버지
얌마쇠주좀사와라한잔걸
치게ㅋㅋㅋㅋㅋㅋㅋㅋㅋ
오널내가기분이조타

*〈정사〉 동탁의 가족들, 사치하고 행패부리다.

척!!

불가합니다,
도련님.
용서하십시오.
저희는…
훈련일지라도
전투중엔
절대 물러서지
않습니다!
특수부대 함진영
대대장 고순
COMMAND

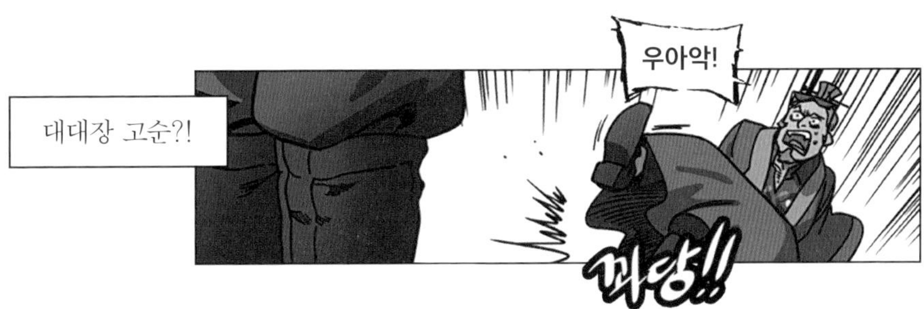
대대장 고순?!
우아악!
꽈당!!

그럼 이놈들이…
함진영이구나!
패배를 모르는… 공포의 부대!
뭔 훈련이길래 피… 피가?!

야!
누… 누누눈
안 깔어?!

이런 X!
우… 울 아빠
동탁이야~!
휙
붕 붕 붕
박스 들고!
열나 튄다!
실시!!
어어?!
안 움직여?!
이래도? 이래도?

오냐~
거기 딱
가만있어?!
한 발짝이라도
물러나면
쪽팔려~?!

어…?

이런… 미…
미친놈들!
으…
으어…
덜덜덜

아…
아버지한테
이를 거야아!
부아아아앙

스윽…

우리 모두의
명예를…
지켜주어 고맙다.
너를 영원히
기억할 것이며…
네 가족들은…
우리가 돌보겠다.

또… 소중한 부하를 잃었다.

동탁! 그 역적, 괴물, 짐승!

[속보] 동탁, 죄없는 백성들 죽여…"취미"

그러나… 군대의 통솔자.
곧, 우리 함진영의 주인이다!

군인은 질문하지 않는다.
COMMAND
다만 충성을 바칠 뿐!

하지만…
언제까지 두고
봐야 하는가?!

부처여. 동탁은…
올바른 이가
아닙니다!
그자를…
가만두실 것이오?!
COMMAND
이 장안을…
우리를 구원하소서!

으… 흐흐흐!

천하의 역적
동탁 字 중영

장안, 황궁 편전
크히히히히히힛!
아~
못 봐주겠네~
쉿!
죽고 싶소?!

자, 잘됐지요
뭘…

저럴 땐…
사람
안 죽이시니…

칵!
그걸 지금
말이라고
하시오?!

나참…
좋아죽네!
백성들은
굶어죽는데…

동탁
아가이것을먹어보아
라아주맛이조타
동탁님께서 보내신 선물
[프리미엄] 1등급 홍삼즙
활력충전 / 소중한분께 선물하세요
0 12345 67890 5

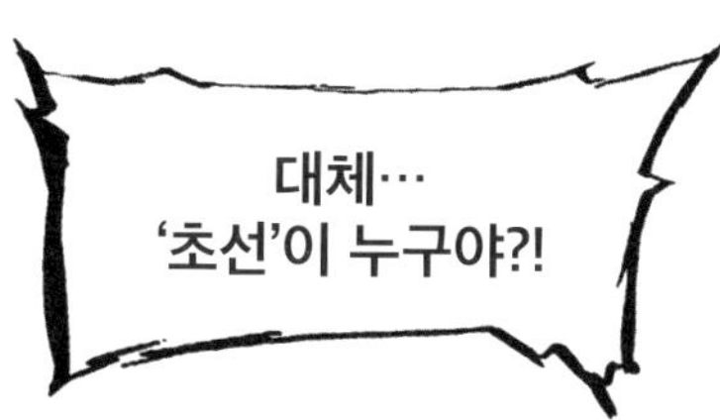

대체…
‘초선’이 누구야?!

제6권, 「협천자 1부」로 이어집니다